JN301444

淡海文庫37

遺跡が語る近江の古代史

―暮らしと祭祀―

田中勝弘 著

まえがき

今から三〇有余年前、京都から滋賀に来た頃は、県内の考古学に関する情報がほとんどなく、いささか戸惑った思いがしました。しかし、今や情報が氾濫し、資料の収集に相当のエネルギーを必要とする状況になっており、隔世の感がします。

滋賀県では行政発掘に携わり、否応なく色々な時代、色々な種類の遺跡調査を経験してきました。年がら年中現地調査に飛び回り、発掘調査という名目で相当な数の遺跡を壊してきました。壊れていく遺跡にとっては、ちゃんとした報告書を作成し、歴史的な意義付けをしてやることがせめてもの償いだと思い、自分なりに調査成果をまとめ上げ、情報の提示をしてきたつもりです。

そのせいか、それぞれの遺跡に興味を持ってしまい、一貫した研究テーマを持って深く掘り下げることができなく、中途半端に終わってしまうことが多かったのですが、そのかわり、古代史を色々な面から見つめることができたと思っています。

また、幸い、近江というフィールドが与えられているのですから、畿内の中枢部の動勢に左右されることなく、近江の遺跡や遺物から中央の歴史を見つめ直すことにも注意を注いできました。近江は、畿外にありながら大津宮、紫香楽宮《しがらき》と二度も遷都を経験し、継体大王や聖武天皇などとの関わりが極めて強く、『日本書紀』や『続日本紀』などの正史にたびたび登場し、関連遺跡や遺物も多数発見されています。また、二四口もの銅鐸の発見、弥生時代のクニにあたる環濠集落の形成、前方後円墳に先立つ前方後方墳の築造、多数の白鳳寺院の建立、盛んな鉄生産、広範囲に分布する渡来系文物など、古代国家形成に係る遺跡、遺物が数多く知られるようになっています。今や、日本の古代史を明らかにしていくためには、近江の考古資料が欠かせなくなっているのです。

考古学だけで古代史を語ることは非常に難しいのですが、この本では、私が滋賀県で携わってきた遺跡の発掘調査資料を中心に、暮らしの中の衣・食・住、鉄や銅などの金属技術、土器・玉《たま》・塩などの生産技術、琵琶湖にかかる水運技術、生産性に結びつく平野の開発、そして、人々の精神生活を示す祭祀など、近江の古代史を色々な方面から考える試みをしてみました。失われていった遺跡を今に生かすために、この本が役立てば幸いに思います。

平成一九年（二〇〇七年）五月十九日　寓居にて

目次

まえがき

第一章　暮らし

衣・食・住
衣……12
編む・紡ぐ・織る／服装／飾る
食……21
水田の開発と稲作／日本の米／米の調理法
竈のある暮らし／農具の鉄器化と新来の農具
住……38
集落／住居

技術の開発
鉄の技術……55
鉄の伝来／国内生産／原料と燃料／製鉄炉／炭窯
銅の技術……64
弥生時代の青銅器／古墳時代の青銅器
銅銭と梵鐘
土の技術……78
土器の生産／瓦の生産
玉作りの技術……91
縄文時代の玉作り／弥生時代の玉作り
古墳時代の玉作り
鍛冶の技術……96
弥生時代の鍛冶／古墳時代の鍛冶
塩作りの技術……100

輸送・平野の開発
陸運と水運……102
運搬具と馬／筏と丸木船／準構造船
琵琶湖の水運
平野の開発……120
内湖と河川の開発／条里型水田の開発
条里型水田と集落

第二章　祭　祀

弥生時代の祭り
神々の姿……144
木偶／豊饒の予祝
神の使い……153
鳥絵画と鳥形代／鳥装人物—司祭者と巫女—
神々の寄り代—倉と祠—……157
龍神と男根—水の神—……159
形代……161
小銅鐸……164
弥生的祭りの終焉……166
銅鐸の埋納／古墳時代への胎動
古墳時代の祭り
弥生的祭祀具の変貌……170
破砕鏡／銅鏃／腕飾類
王権と玉作り……175
石製模造品／玉作り工房／滑石製模造品
木製模造品……183
農耕祭具／舟形祭具／武器形祭具
鳥・武具・蓋
直弧文……191
斎串……193
祭りの場……195
固定する祭りの場／水辺の祭り
導水施設—浄水思想
古代の祭り
道教系祭祀……211
『急々如律令』／求福除災・不老長生／流し雛
墨書人面土器……220
人面の特徴／出土遺跡の特徴
「餓鬼祭」と墨書人面土器
馬と祭祀……226
馬の利用と祭祀／土馬／絵馬
あとがき

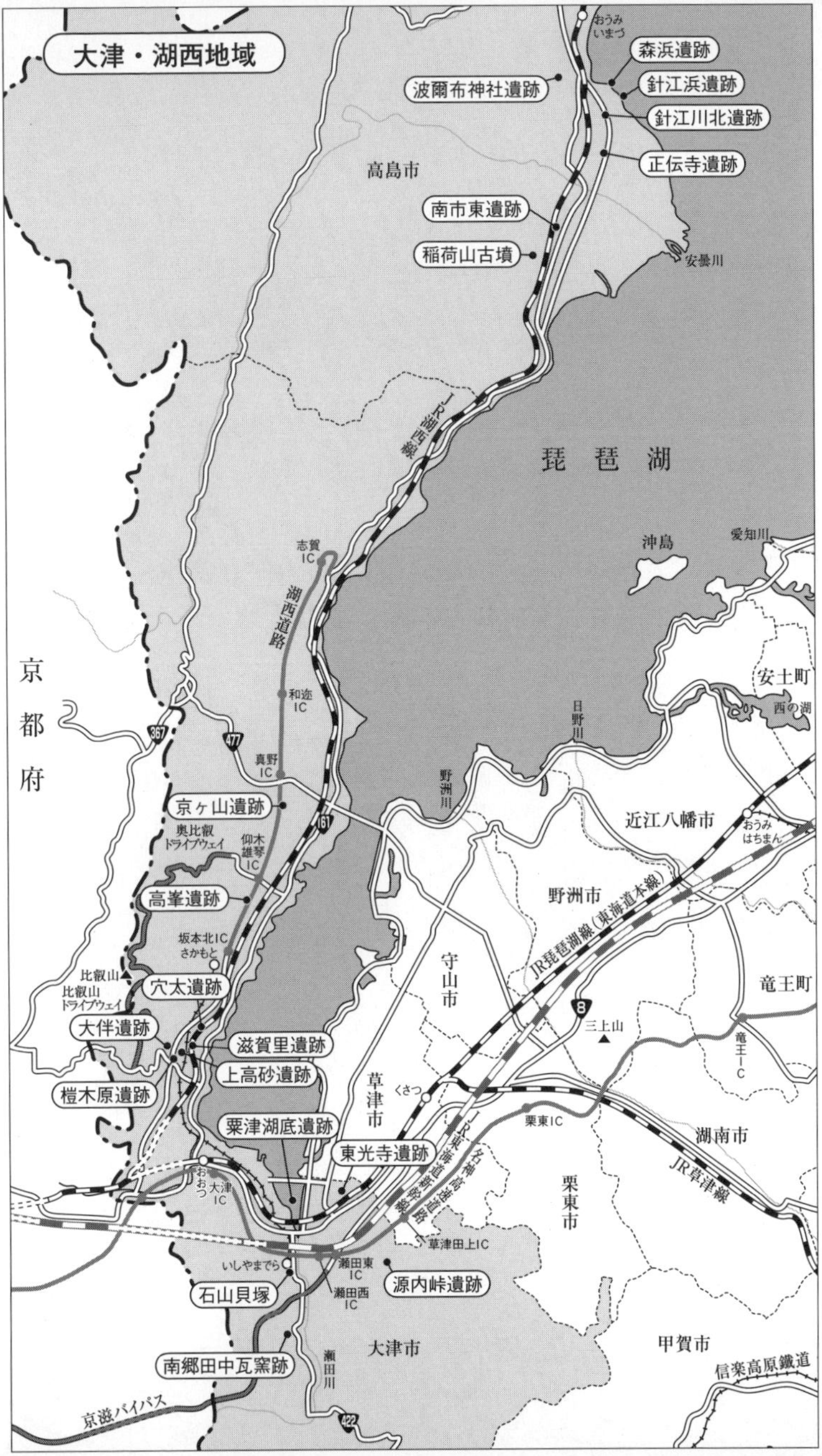

大津・湖西地域
森浜遺跡
針江浜遺跡
針江川北遺跡
正伝寺遺跡
波爾布神社遺跡
おうみいまづ
高島市
南市東遺跡
稲荷山古墳
安曇川
JR湖西線
琵琶湖
沖島
愛知川
志賀IC
湖西道路
安土町
西の湖
京都府
和迩IC
真野IC
日野川
野洲川
京ヶ山遺跡
奥比叡ドライブウェイ
仰木雄琴IC
近江八幡市
おうみはちまん
野洲市
高峯遺跡
坂本北IC
さかもと
JR琵琶湖線(東海道本線)
比叡山
比叡山ドライブウェイ
穴太遺跡
守山市
竜王町
大伴遺跡
三上山
滋賀里遺跡
上高砂遺跡
竜王IC
樫木原遺跡
くさつ
草津市
JR東海道新幹線
名神高速道路
栗東IC
粟津湖底遺跡
東光寺遺跡
湖南市
JR草津線
おおつ
大津IC
栗東市
草津田上IC
いしやまでら
瀬田東IC
瀬田西IC
源内峠遺跡
石山貝塚
大津市
甲賀市
南郷田中瓦窯跡
瀬田川
信楽高原鐵道
京滋バイパス

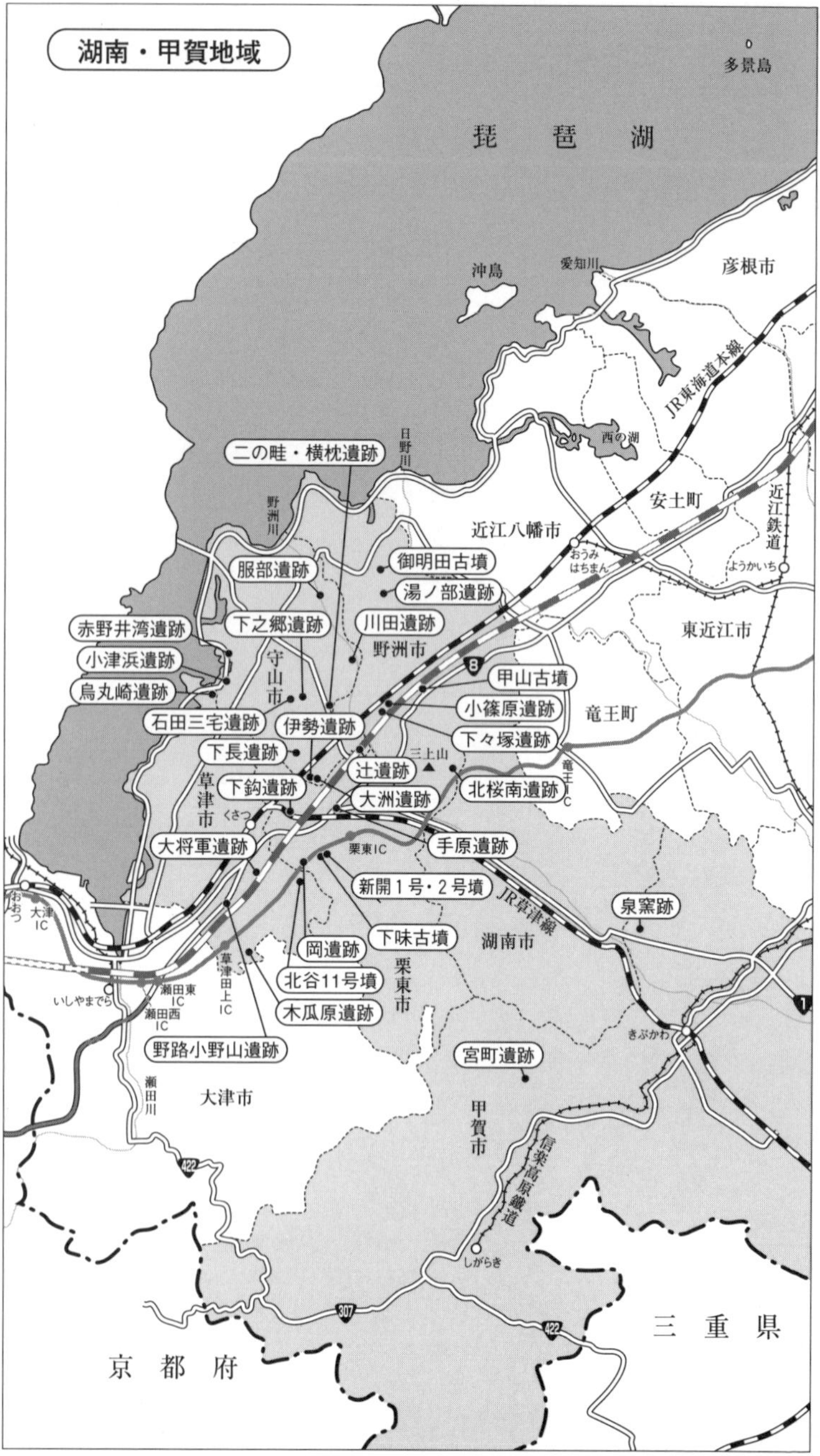

湖南・甲賀地域
多景島
琵琶湖
沖島
愛知川
彦根市
JR東海道本線
西の湖
日野川
二の畦・横枕遺跡
野洲川
安土町
近江鉄道
近江八幡市
おうみはちまん
ようかいち
御明田古墳
服部遺跡
湯ノ部遺跡
下之郷遺跡
川田遺跡
東近江市
赤野井湾遺跡
小津浜遺跡
守山市
野洲市
烏丸崎遺跡
甲山古墳
小篠原遺跡
竜王町
石田三宅遺跡
伊勢遺跡
下々塚遺跡
下長遺跡
三上山
辻遺跡
竜王IC
草津市
下鈎遺跡
北桜南遺跡
大洲遺跡
くさつ
大将軍遺跡
手原遺跡
栗東IC
新開1号・2号墳
JR草津線
おおつ
大津IC
泉窯跡
下味古墳
岡遺跡
湖南市
草津田上IC
栗東市
北谷11号墳
いしやまでら
瀬田東IC
瀬田西IC
木瓜原遺跡
きぶかわ
野路小野山遺跡
宮町遺跡
瀬田川
大津市
甲賀市
信楽高原鐵道
422
しがらき
307
三重県
京都府

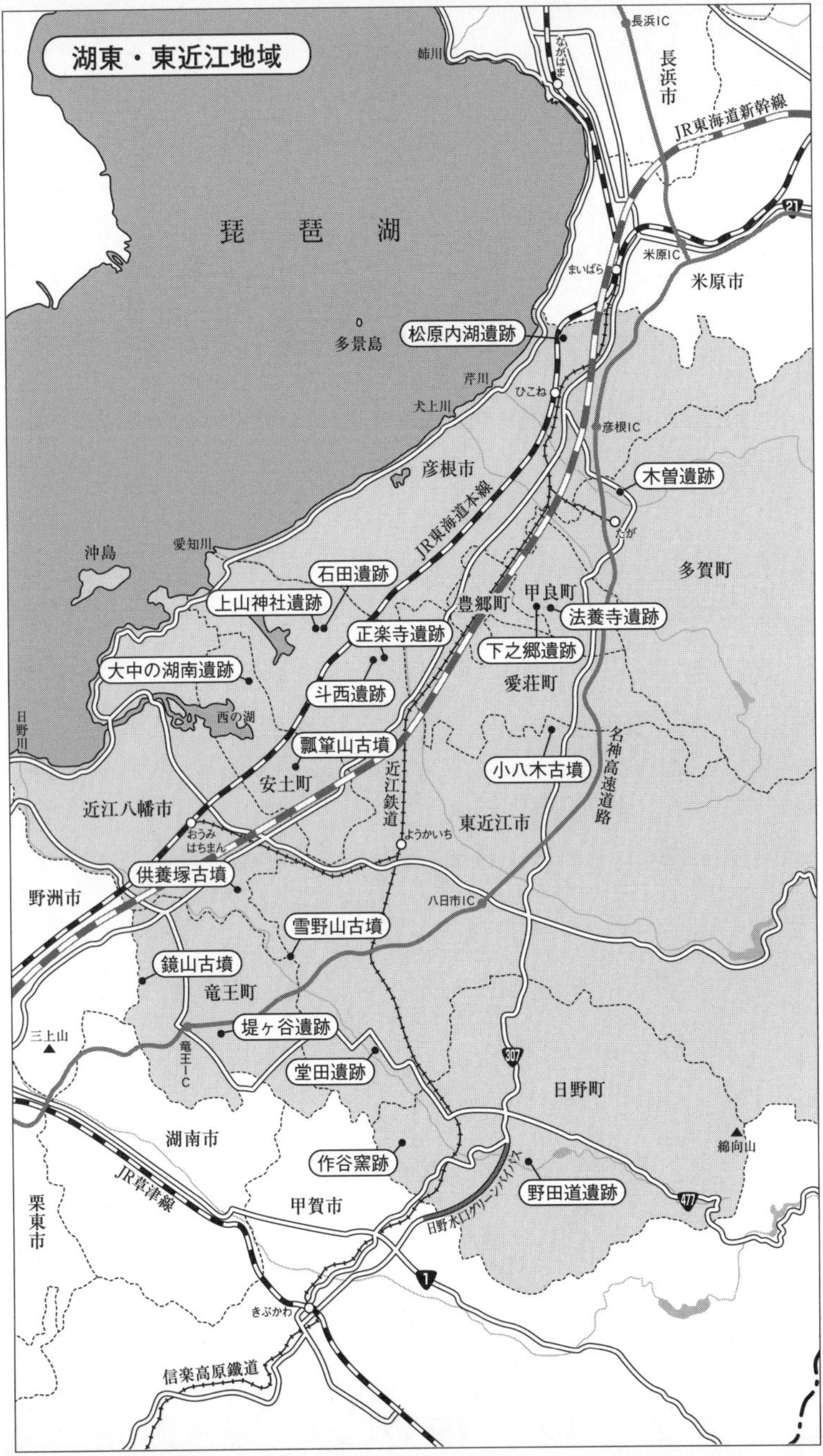

湖東・東近江地域
琵琶湖
多景島
沖島
長浜市
米原市
彦根市
多賀町
甲良町
豊郷町
愛荘町
東近江市
安土町
近江八幡市
野洲市
竜王町
日野町
湖南市
甲賀市
栗東市
長浜IC
ながはま
姉川
JR東海道新幹線
米原IC
まいばら
松原内湖遺跡
芹川
ひこね
犬上川
彦根IC
木曽遺跡
たが
愛知川
JR東海道本線
石田遺跡
上山神社遺跡
法養寺遺跡
正楽寺遺跡
下之郷遺跡
大中の湖南遺跡
斗西遺跡
西の湖
日野川
瓢箪山古墳
小八木古墳
名神高速道路
近江鉄道
おうみはちまん
ようかいち
供養塚古墳
八日市IC
雪野山古墳
鏡山古墳
三上山
堤ヶ谷遺跡
竜王IC
堂田遺跡
綿向山
作谷窯跡
日野水口グリーンバイパス
野田道遺跡
JR草津線
きぶかわ
信楽高原鐵道

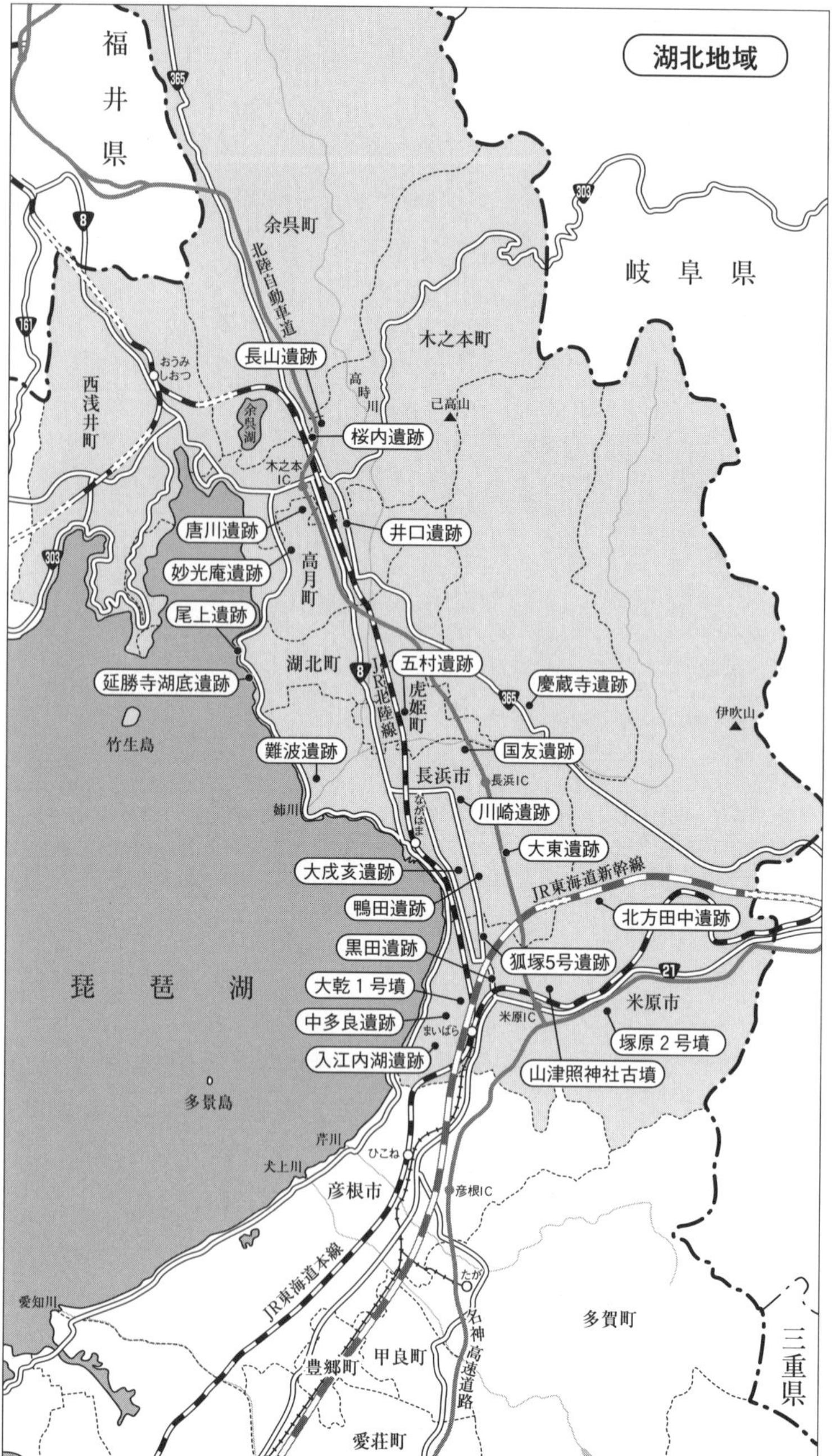
湖北地域
福井県
岐阜県
三重県
余呉町
木之本町
西浅井町
高月町
湖北町
虎姫町
長浜市
米原市
彦根市
多賀町
甲良町
豊郷町
愛荘町
北陸自動車道
JR北陸線
JR東海道新幹線
JR東海道本線
名神高速道路
長山遺跡
桜内遺跡
唐川遺跡
井口遺跡
妙光庵遺跡
尾上遺跡
延勝寺湖底遺跡
五村遺跡
慶蔵寺遺跡
難波遺跡
国友遺跡
川崎遺跡
大東遺跡
大戌亥遺跡
鴨田遺跡
北方田中遺跡
黒田遺跡
狐塚5号遺跡
大乾1号墳
中多良遺跡
塚原2号墳
入江内湖遺跡
山津照神社古墳
余呉湖
琵琶湖
竹生島
多景島
己高山
伊吹山
高時川
姉川
芹川
犬上川
愛知川
おうみしおつ
ながはま
まいばら
ひこね
たが
木之本IC
長浜IC
米原IC
彦根IC
365
303
8
161
21

第一章　暮らし

衣・食・住

衣

編む・紡ぐ・織る

編む——俵編みともじり編み

滋賀県立安土城考古博物館の敷地に、長浜市国友町から移築した江戸時代後期の農家である旧宮《みや》地《じ》家住宅（国指定重要文化財）があります。その中に若干量ですが民具を展示しています。その一つに「俵《たわら》編み具」があります。高さ三〇cmほどの又木の台に、幅五cmほど、長さ一・五mほどの板をかけ渡しウマとします。これに二個一対になる木錘《もくすい》が八個あり、これに縦糸となる糸を巻き付けてウマにかけ、その上に藁《わら》を置いて木錘を前後にクロスさせ、順次編み上げていくと、やがて莚《むしろ》が出来上がります。莚の上下を綴じ合わせ、さらに左右を綴じると俵となります。

民具の木錘は、丸太をミカン割り（芯から放射状に等分にする割り方）にし、芯側の一辺の中央に穴を開け、これに糸の端を綴じ付けるようになっています。これとほぼ同様の形をしたものが古墳時代の東近江市斗西《とのにし》遺跡などから出土しています。また、この遺跡からは、長さ一五㎝前後、直径五㎝ほどの丸太材の形状を残したままで穴を穿《うが》ったものも出土しています。さらに、ウマとおもわれる目盛りを付けた棒状の板材も出土しています。長浜市国《くに》友《とも》遺跡や米原市入江《いりえ》内《ない》湖《こ》西《にし》野《の》遺跡などの木錘は、ほぼ同じ大きさの丸太材の中央を溝状に削り落とした形のもので、むしろこの形のものが古墳時代では一般的だったようです。

長浜市国友遺跡出土の木錘（滋賀県教育委員会蔵）

　織機を使わないもじり編み（横糸に縦糸を一本ずつ絡《から》めていく）による編布《あんぎん》は、縄文時代以来の伝統的なものといわれていますが、縦糸の間隔を狭めて本数を増やせばこの俵編み具で編布を作ることができます。しかし、古墳時代の木錘の出土例では六対が標準的だったようです。弥生時代に伝わった織機による布の製作が古墳時代以降には一般的となり、俵編み具は主に、藁や葦《よし》を使った俵、莚、簾《すだれ》などの製作に使われ続けてきたのです。

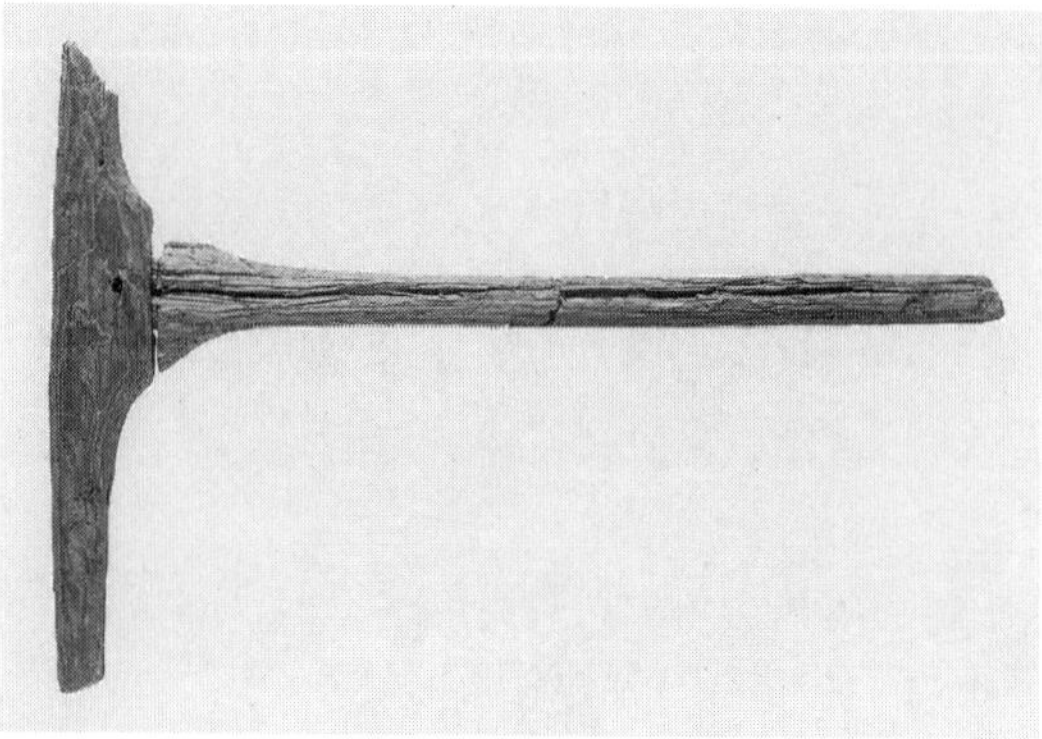

長浜市国友遺跡出土の桛（滋賀県教育委員会蔵）

糸を紡ぐ——紡錘車

東近江市雪野山《ゆきのやま》古墳から、紡錘車《ぼうすいしゃ》と呼ぶ石製品が出土しています。直径三～五㎝ほどで、中央部ほど厚くなり、貫通する穴を開けています。これは、本来穴に糸巻棒が差し込まれており、糸に撚《よ》りをかける道具なのです。撚りが戻らないように湿らせておいた糸を糸巻棒の上端に結わえつけ、手をあげて垂らし、石製品に回転を加えて撚っていきます。撚りあがった糸は糸巻棒に巻き取り、順次撚り上げていきます。編布の場合、均一でない糸の太さや強さはさほど問題ではなかったのですが、織機で布を作る場合、糸の太さが均一であること、縦糸を緊張させるため丈夫であることが必要で、撚りをかける糸づくりは欠かせない重要な作業となります。

弥生時代には、土器の破片を利用し、円形に加工してその中央に穴を開けた土製の紡錘車がありました。高月町井口《いのくち》遺跡からは奈良時代の鉄製のものが出土しています。石製のものは古墳時代に多く、中には、鋸歯《のこぎりば》などの文様を線刻するものや、同心円状に段を付けるものなどが見られます。

古墳へ副葬品として埋納されることが多く、実用品とするよりも象徴的な意味合いを持たせていたのでしょう。高島市森浜《もりはま》遺跡や大津市滋賀里《しがさと》遺跡などからは、木製の円盤状の紡錘車が出土しています。むしろ一般家庭の多くは、こうした木製のものを使っていたものと考えられます。

紡錘車で撚りをかけおわった糸は、乾燥させるため、桛《かせ》や糸巻きに巻きとります。桛は、一本の支えと二本の腕木を工の字形に組み合わせたもので、長浜市国友遺跡や東近江市正源寺《しょうげんじ》遺跡などから腕木の部分が出土しています。銅鐸の絵画にも工の字形の道具を持つ人物が描かれているものがあります。桛で巻き上げた糸の輪は、漂白や染色に適しており、また、糸を数える単位ともなるといわれています。糸巻きは、滋賀里遺跡や守山市赤野井湾《あかのいわん》遺跡、米原市入江内湖遺跡などに出土例があります。一木の糸巻きもありますが、多くは組み合わせ式のものです。一木のものは小型で、裁縫などの糸巻道具と思われます。組み合わせ式の中には民具の糸枠と同じ形のものがあるようです。

織る──原始機と高機

弥生時代に機織《はたお》りの技術が伝来して以降、麻や絹を使った織布が一般的になっていきます。最も簡単な織機は、一番手前にあって、出来上がっていく布を巻き上げていくチマキ（布巻き具）と、その反対側にある経糸《たていと》をとめておくチキリ（経巻き具《たてまぐ》）との間に経糸を並べ、綜光《そうこう》（開口具）で経糸を交互に上下に開け、杼《ひ》（緯越具《よこごしぐ》）に巻いた緯糸《よこいと》を送り込み、杼（緯打具）で緯糸を手前に打ち

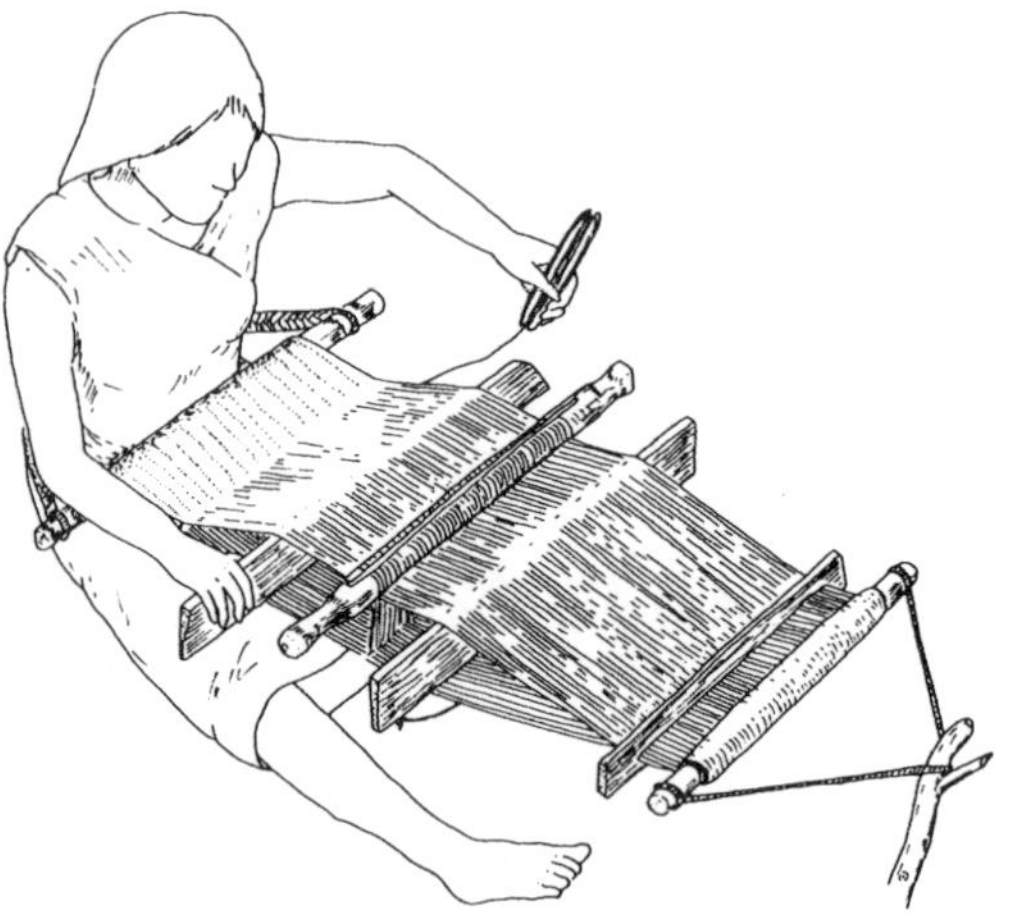

原始機（参考文献三より）

込むといった構造のもので、原始機と呼んで分類しています。チキリを地面に打ち込んだ杭などに紐で固定し、織手はその反対側で、チマキを紐で結び、腰に固定して作業をします。織手は地面に座り、織り上がって経糸が短くなるにつれ徐々に前に進んでいくことになります。

長浜市鴨田《かもた》遺跡や入江内湖遺跡など、弥生時代以降の各遺跡から、チキリあるいはチマキかと思われる織機の部品が数多く出土しています。それらは、鴨田遺跡のもので長さが四六・四cm、入江内湖遺跡のもので三七・七cmを計り、多くは五〇cm前後の規模です。ほぼ人の肩幅の大きさで、織手が作業のしやすい大きさといえます。また、そのことで布の幅も規制されることになります。

古墳時代でもなお機台のない原始機が多いようですが、正源寺遺跡の竪穴住居の中から出土したチマキとチキリは、それぞれ八七cmと八一・五cmを計る大型のもので、原始機では必要のない椅子《いす》も共伴していました。建築部材とされているものも出土しているようで、あるいは、機台のある地機、さらには高機を想定することができるかもしれません。こうした織機で織られる布のほとんどは、経糸の間を一本おきに上下して緯糸を通す平織《ひらおり》であったと考えられます。経糸二、三本おきに緯糸を通して面に変化をつける綾織《あやおり》は、国産か輸入品か明確ではありません。二種以上の色糸を使う錦織《にしきおり》、必要な箇所だけ色糸を織り込む綴織《つづれおり》などはさらに高度な技術でした。野洲市甲山《かぶとやま》古墳から金糸が出土して話題になったのはこのためだったのです。

服装

県立安土城考古博物館の第一常設展示室に、近江の王たちの墓から出土した装身具を着装させた三体の人形が展示されています。一体は四世紀の安土町瓢簞山《ひょうたんやま》古墳、二体目は五世紀の栗東市新《しん》開《がい》一号墳、最後は六世紀の高島市稲荷山《いなりやま》古墳です。瓢箪山古墳では首飾り、新開一号墳では甲冑《かっちゅう》の上に付ける金銅製の帯金具、稲荷山古墳では冠をはじめとする金銅製の各種の飾り金具と古墳時代の社会の変化に伴うそれぞれの王たちの装身のようすを窺うことができます。このように、衣服の上から飾るものについては具体的な資料があるのですが、こと衣服になると実物資料の出土することがほとんどありません。文献的には、三世紀頃の日本のことを伝える中国の史書『魏志倭人伝《ぎしわじんでん》』に、男子は「その衣は横幅なり、ただし結束して相連ぬるもほぼ縫うことなし」、婦人は「衣を作

古墳時代の王たちの装身（左から、安土町瓢箪山古墳、栗東市新開一号墳、高島市稲荷山古墳　滋賀県立安土城考古博物館提供）

ること単被《ひとえ》のごとく、頭を貫きてこれを衣《き》る」とあります。つまり、男の服は結んでつなぎ合わせただけの横幅の広い衣、女は単衣の貫頭衣《かんとうい》といえますが、日本のようすをどこまで伝えているか疑問です。

実物資料のかわりに古墳時代の衣服について最もよく伝えているのは、五世紀以降に古墳を飾るようになる人物埴輪《はにわ》でしょう。展示室の王たちの服装も人物埴輪を参考にしています。男女ともツーピース姿です。上着は男女とも筒状の長袖で、裾は長く、左前で合わせ、上下を紐で結んでいます。男子の場合、この上から紐あるいは帯を腰に締めています。下は、男は褌《はかま》で、太いズボンをはき、膝の下で結んで上部を袋状にしています。女は、足首が隠れるぐらい裾の長いスカート状のもので、裳《も》と呼んでいます。こうした衣装をまとう人物埴輪には冠などをかぶり、また、模様を表現したり、彩色を施すものもあって、一般的な人の衣服ではなかったと思われます。腰に鎌などを持ち、農夫と思われる人物埴輪では、衣に袖や前面の合わせの表現のないものがあり、文様や彩色が見られず、腰紐を巻いただけのシンプルなもので、褌などの表現もありません。『魏志倭人伝』に記載されているような横幅や貫頭衣のような衣服だったのでしょうか。

飾る

滋賀県では、野洲市御明田《ごみょうだ》古墳、野洲市小篠原《こしのはら》遺跡、守山市川田《かわた》遺跡、近江八幡市供養塚《くようづか》古墳、米原市大乾《おおいぬい》古墳群、米原市狐塚《きつねづか》五号墳などから人物埴輪が出土しています。いずれも五世紀の終り頃から六世紀代の古墳で、当事の人々の装身のようすをリアルタイムに知ることのできる資料といえます。川田遺跡の埴輪は、頭部のみですが、頭に鉢巻状の飾りを付け、髪を両耳のところで束ねて美豆良《みずら》に結った男子像と思われるものです。男子では、武人や冠をかぶる人物の場合、美豆良は肩まで長く垂らされており、農夫などでは耳のそばで短くまとめています。髪型に身分上の区別があったと考えられます。御明田古墳でも、はっきりしませんが、肩まで伸びる美豆良があったようです。供養塚古墳や狐塚五号墳は巫女《みこ》と考えられるものです。頭髪のようすはわかりませんが、女子像の多くは、髪を一つに束ね、頭の上で結っているものが多いようです。

川田遺跡や供養塚古墳などの人物には、円形の浮文を連ねた首飾りが表現されています。首飾り

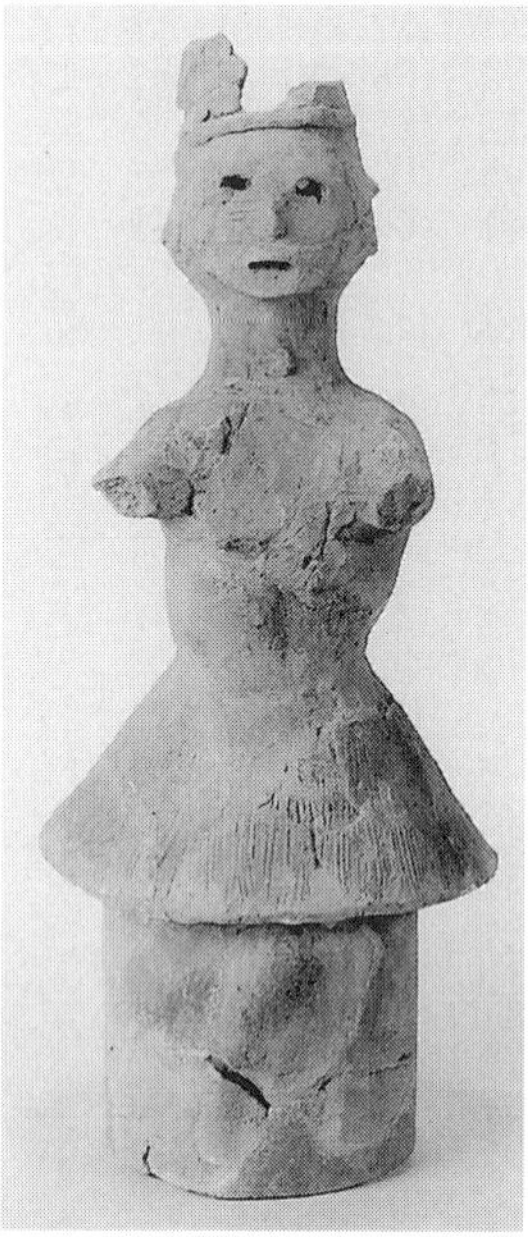

近江八幡市供養塚古墳出土の人物埴輪
（滋賀県立安土城考古博物館蔵）

は、胸まで垂れ下がっているものは少なく、玉を密に連ね、首の回りだけに巻いているように表現されています。同様の表現は巫女や農夫などの埴輪にも見られ、実際に、後期群集墳からもよくガラス製などの玉《たま》類が出土します。こうした飾りは、高位の者だけに限られたものではなかったのでしょう。また、後期群集墳からは、玉類の他に耳飾りの金環《きんかん》がよく出土します。金環も高位の人物や巫女に限ったものではなかったようで、農夫の人物像にも着装したものがあります。

川田遺跡の人物埴輪では、鉢巻きのようなものが巻かれています。正確にはわかりませんが、高島市稲荷山古墳や米原市山津照神社《やまつてるじんじゃ》古墳などのように、この頃の王達の墓からは冠帽が出土することがあるので、あるいは冠を表しているのかもしれません。稲荷山古墳の冠は、三方に立ち飾りを付けた金銅製の薄板に列点を刻んで文様を作り、魚やハート形の歩揺《ほよう》と絹糸の菊花文、紺色の玉を付けています。山津照神社古墳の冠は全体がわかりませんが、金銅製の薄板を透かし彫りしたものです。

狐塚五号墳の人物埴輪は頭部を欠いていますが、衣服のようすが最もよく知れるものです。弓を持った巫女を象ったと考えられるもので、袖が筒状ではなく、振袖のように長く下に垂れたものとなっています。細長く、薄い布を頭から肩に回し、服の上から裾へ長く垂らした「意須衣《おすい》」と呼ばれているものをまとっているのではないかといわれています。小篠原遺跡や供養塚古墳の人物埴輪では、背中にたすきがけの結び目が残っています。袖を肩や腕にくり上げてたすきに結ぶのも巫女の衣服であったとされています。

食

水田の開発と稲作

稲作の伝播──弥生文化の始まり

弥生時代の最も大きな特徴とされる稲作は、その起源とされるアッサム、雲南《うんなん》、東南アジアの地域から揚子江《ようすこう》流域を通り、朝鮮半島を経由してわが国の九州北部に最初に伝わったとされています。稲作は、わが国の気候と風土に適し、瀬戸内海沿岸地域を経由して大阪湾岸地域に、さらに、伊勢

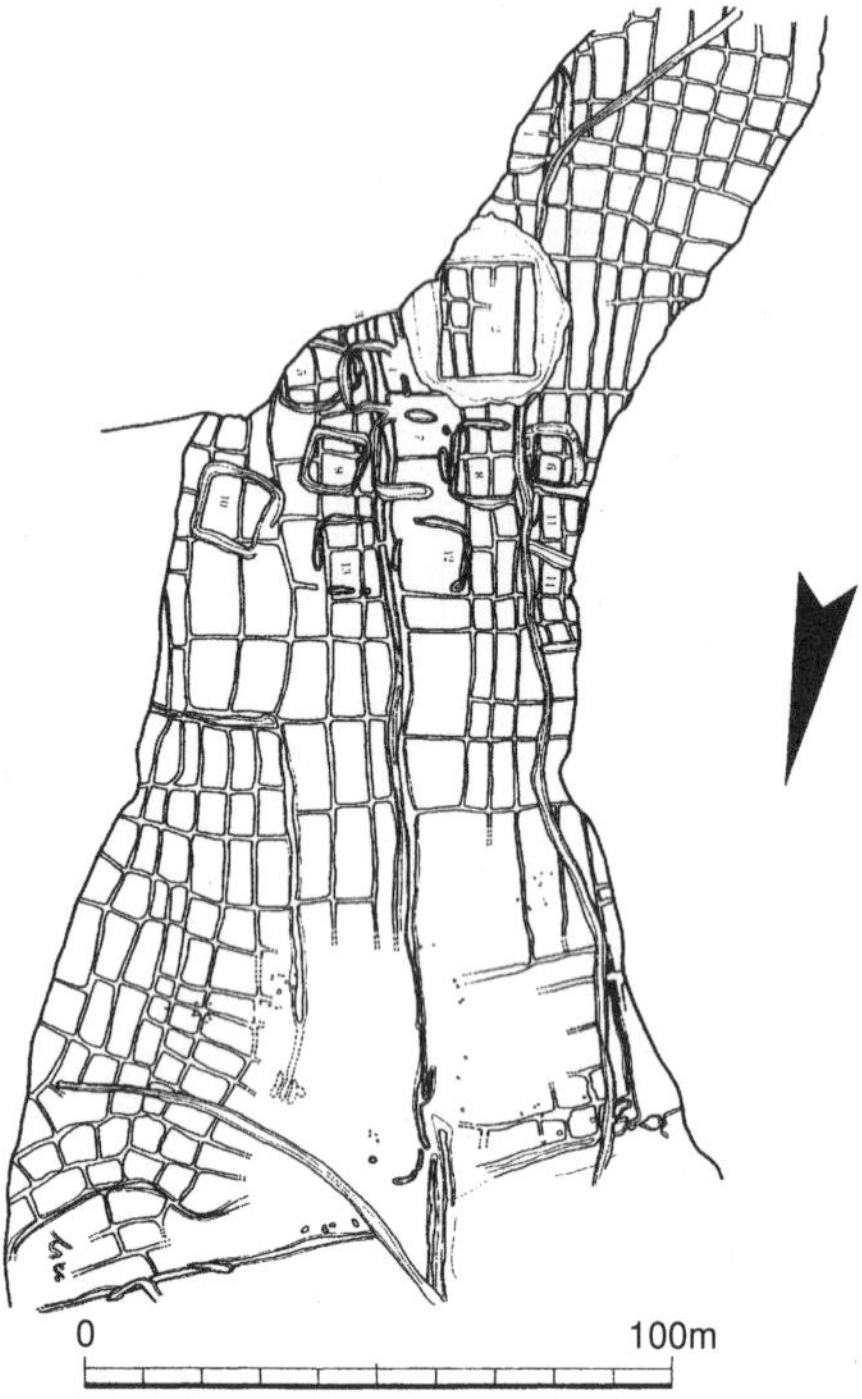

守山市服部遺跡で発見された弥生時代前期の水田遺構

湾岸地域にまで一気に広がっていきました。両地域には、稲作とともに弥生文化を伝えていく拠点的な集落が形成されていきます。近江の弥生時代は、その地理的環境から、両地域からの影響を受けて成立していきました。

それでは最初に稲作が開始されたのはどこでしょうか。非常に難しい問題ですが、近江で最も古い段階の弥生土器が出土する遺跡を見る限り、現在のところ湖北の姉川が作る長浜平野と、湖南の野洲川が形成する湖東平野南部の二地域です。長浜平野では、長浜市の川崎遺跡が知られています。この遺跡からは、弥生土器とともに、木製の農具が出土しており、稲作が開始されていたことがわかります。また、出土土器の中に伊勢湾岸地域からの影響が窺えるものがあり、稲作の伝播経路についても貴重な情報を提供してくれています。湖南では、草津市の烏丸崎《からすまざき》遺跡が知られています。ここより少し新しい時期の守山市服部《はっとり》遺跡では広大な水田の跡が発見されており、烏丸崎遺跡でも稲作を伴う集落が形成されていた可能性が強いと思われます。当時は、琵琶湖の水位が一m以上低く、姉川と野洲川が現在見られるデルタを形成し始める頃で、両遺跡とも稲作にとって適度な低湿地に立地していたと考えられます。やがて湖北では、高月町妙光庵《みょうこうあん》遺跡、湖西では高島市針江浜《はりえはま》遺跡などのように、琵琶湖周辺に数多くの集落が形成されていきます。いずれも高時川や安曇川などが作る琵琶湖沿岸近くの沖積平野に立地しています。稲作を伴う弥生文化は、気候、風土とともに、稲作に適した地形的条件を持つところから定着していったのです。

水田の開発——谷状地形と内湖

近江で稲作が行われていたことを示す資料としては、農耕具が出土すること、稲そのものが出土すること、そして、水田跡が見つかることなどをあげることができます。木製の農耕具は、遺跡が琵琶湖の低湿地に立地しているところから、その保存状態の良好なものが数多く出土しています。稲そのものは炭化米として出土するほか、稲の花粉や稲の茎に含まれているプラントオパールを抽出することで、稲作の有無を確認することができるようになりました。これらの資料のほか、水田そのものが発見されれば、農村集落そのものの実態を明らかにすることができます。

県内の調査で水田跡の全容がわかるものとしては、弥生時代前期の守山市服部遺跡、中期に下る安土町大中《だいなか》の湖南《こみなみ》遺跡があります。服部遺跡では、緩やかな傾斜のある低湿地に、一万八〇〇〇㎡の規模で水田が作られていました。後世の削平がなければ、この数倍の規模の水田が広がっていたと考えられています。中央に用水路を設け、一面が五〇㎡程度に畦畔で区画された比較的小さな水田が三二〇〜四〇〇面作られていました。緩傾斜面の地形を細かく区切ることで、開墾の労力をできるだけ少なくしたのでしょう。一方、大中の湖南遺跡では、集落との間に用排水路を設け、水路の片側に八面の計五万四〇〇〇㎡の水田を作っています。一面が六〇〇〇〜九〇〇〇㎡に及ぶ非常に広い水田となっています。大中の湖南遺跡は、内湖の湿地を利用したもので、水の地均《じならし》作用で広大な平地になったと考えられ、一つの面積を大きくすることができたのでしょう。また、このような水田の開発が、稲作伝来初期の頃の方法であり、水路は、むしろ排水に重きをおいたものだったと思われます。服部遺跡では、比較的水の流れが悪い谷状の地形の緩斜面に水田が開発されており、稲作の伝来とともに高度な水田開発技術も伝わっていたことがわかります。その技術の程度の差がムラのその後の成長に影響していったのです。

水田の収穫量——下田の収穫

律令制下の奈良時代には、上田、中田、下田、下下田と米の収穫量によって、水田に等級がつけられていました。弥生時代の水田では、用・排水技術の未熟さや、米の品種もまだまだ改良の余地のあるもので、せいぜい下田程度の収穫しか見込めなかったと考えられます。下田では、三・三㎡（一坪）あたりの収穫量が一合六勺《しゃく》九撮《さつ》（約〇・三ℓ）とされています。安土町にある大中の湖南遺跡の一号地とされる部分の水田一枚は約九二〇〇㎡（約二七八七坪）で、下田の収穫量を当てはめてみると、約四石《こく》七斗《と》一升《しょう》（約八四七ℓ）ほどの収穫量になります。この収穫量から翌年の種籾《たねもみ》として一畝《せ》（三〇坪）あたり一升（一・八ℓ）を残すとすると、九斗二升九合（一六七ℓ）が必要で、食料用としては三石七斗八升一合（六八〇ℓ）が残ります。米を今のように主食とした場合、一食一合（約〇・一八ℓ）として、一年で一人分に約一〇〇〇升（約一八〇ℓ）が必要となります。このため、一号地の水田だけでは約三・七人しか養えない計算に

復元された大中の湖南遺跡の水田風景（参考文献一一より）

なります。遺跡全体の水田面積は約五万四〇〇〇㎡と推定されますので、ムラ全体では二七石六斗五升三合四勺（約四九七七ℓ）が見込めます。このうち種籾を引いた二二石一斗九升九合一勺（約三九九五ℓ）が食用となり、米を主食とした場合、一年に二二・二人を養う計算になります。

ところで、大中の湖南遺跡の人口は、想定される水田面積から、その規模に要する労働力とその家族を五人程度と見て計算した場合、少なく見て八〇人ほどの人々が暮らしていたと想定されます。従って、大中の湖南遺跡の水田規模からの収穫量では、米を主食とした場合、ムラの人口の四分の一しか養えないことになります。残りの四分の三は米以外の食料である稗《ひえ》や粟《あわ》、木の実、魚介類、獣、さらには畑作物などに求めなければなりません。米が主食の位置を占めるのはもっと後の時代になってからで、弥生時代には主食と副食の区別はなかったのです。

日本の米

近年、タイ米のことが国際問題にまでなりました。私もタイ米を食べましたが、確かに日本の米とは形も味も違っていました。形は、特に粒の長さが違います。味も粘り気も全く違います。どうも、同じ米といっても二種類ありそうです。私たちが食べている長さ四㎜強程度で粘り気のあるものをジャポニカ、長さ六㎜以上と長く粘り気の少ないものをインディカと呼んで区別しています。弥生時代にわが国に伝わってきたのはジャポニカです。このことは、最初に稲作が伝わったとされる北部九州の福岡県板付《いたづけ》遺跡をはじめ、全国各地の遺跡から出土している炭化米からはっきりしています。県内でも、安土町大中の湖南遺跡や守山市小津浜《おづはま》遺跡をはじめ、多くの遺跡で炭化米が出土していますが、いずれもジャポニカです。朝鮮半島の韓国慶尚南道にある金海《きんかい》貝塚は、色々な面で日本との文化交流を示す遺跡として有名ですが、ここから出土した炭化米もジャポニカでした。

少し話が変わりますが、奈良県唐古《からこ》遺跡や大中の湖南遺跡など弥生時代前期から中期の遺跡で、長さ一〇cmほどの茎をつけたままの稲束が出土しています。これは、石包丁《いしぼうちょう》という穂摘み道具で収穫されたものです。この方法は、一部には平安時代まで残っています。種籾として残す場合、早稲《わせ》や晩稲《おくて》が籾のままでは入り混じってしまうので、区別しやすくするために行われていたようです。

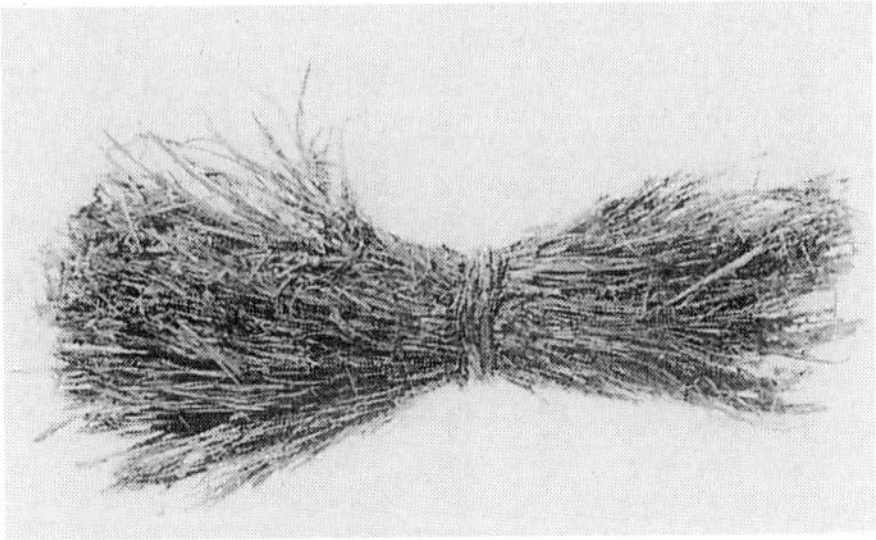

安土町大中の湖南遺跡出土の稲の穂束
（滋賀県立安土城考古博物館蔵）

石包丁は、西日本では後期に入るとほとんどその姿を消し、鉄鎌に変わっていきます。鉄鎌の使用は、穂摘みから根刈りへと収穫方法が変化していったことを示しています。根刈りは藁の利用を促します。インディカの茎が硬くてもろいのに対し、ジャポニカの茎はしなやかで丈夫であるという性質をもっています。東南アジアの各地で今でも穂摘みが見られるのは、この茎の性質の違いによるのかもしれません。ジャポニカの茎からは、縄、俵、草履《ぞうり》など普段使うさまざまな道具を作ることができます。

米の調理法

弥生時代に収穫した稲は、乾燥後、穂摘みの場合は壺などの容器に入れて高床の倉庫に収めて保管していました。種籾として翌年のために残しておく分以外は、毎日必要な量だけを取りだし、脱穀して食卓を飾ります。脱穀の方法は、当時のようすを描いた銅鐸の絵画に見られるように、臼《うす》に籾を入れて杵《きね》で衝いて籾殻を取り除きます。現在のように精米した白米ではなく、玄米食です。安土町大中の湖南遺跡からも杵が出土しています。脱穀には、軽く火にかけ、籾殻の部分だけを焦がして玄米を取り出す方法があります。炭化米の中には、この方法で脱穀したため黒くなったものもあるのかも知れません。

米の調理法には、色々な方法が見られます。炊き干し、蒸し飯、湯立て、湯取り法などです。炊き干しが今の炊き方で、このうち固粥《かたがゆ》が今のご飯、汁粥が今のお粥のことです。蒸し飯はおこわのことで、湯立ては湯を沸かして米を入れる炊き方です。湯取り法は、たくさん水を入れ、噴き出し始めたら火から取り外し、蓋を開いて水を捨て、再び弱火で炊く方法です。湯取り法では、炊きあがったご飯はパサパサで、日本にはなかった炊き方だと思われます。湯立ては、もともと稗の炊き方だそうです。蒸し飯は、今も赤飯などで見受けられ、主に祭など祝いの食べ物となっていました。米を蒸すには、水を入れた底の深い甕《かめ》の上に、沸騰した水の湯気を通す底に穴の開いた土器、甑《こしき》を置く必要があります。弥生時代の終わり頃になって、有効鉢《ゆうこうばち》と呼ばれる底に小さな穴の開いた土器が出土するようになります。これが甑であるかどうかはまだはっきりしていませんが、古墳時代になると確実に甑が登場しています。炊き干しは、煮炊き用の甕に米と水を入れて炊きあげる方法です。弥生土器の甕の底に米が焦げついて残っている例が見られます。どうも今の米の食べ方は、弥生時代以来の方法のようです。

竈のある暮らし

竈と竪穴住居――広がる住空間

今はもうほとんど見られなくなりましたが、一昔前まではどの家庭の台所にもあったものです。京都では「おくどさん」と「さん」付けで呼んで大事にしていました。大晦日に近所の神社に参拝しておけら火をもらい、一年の幸せを願って正月の最初の竈《かまど》への火入れを行いました。いまでも古い家に行くと、土間の隅に竈が築かれていることがあります。普段に使うのではなく、祭りや正月用の餅を作るときなど、特別なときに使っていると聞きました。正月には注連縄《しめなわ》を張るそうです。

竈は炉とちがって、熱が放散することなく容器に集中し、煙突で生じる上昇気流によって、高い火

甲良町下之郷遺跡の竪穴住居に作り付けられた竈（滋賀県教育委員会提供）

力を得ることができます。

いまではあまり見かけなくなったこの竈は、古墳時代の中頃に朝鮮半島を経由して日本に伝わってきた外来の文化の一つなのです。滋賀県では、確実に五世紀後半には伝わっており、六世紀に入ると一般に広く採用され、普及するようになります。その伝来は、食生活だけではなく、住居内の他の生活の仕方などにも変化をもたらしました。

古墳時代の竪穴住居は、多くが方形で、屋根を支える四本の柱を持っています。住居の中の空間はこの四本柱で囲まれる中央部がもっとも広くなります。炉の場合、天井部が最も高い住居の中央に設けられるため、この広い空間が煮炊きだけの限られた用途に占有されてしまいます。竈は、煙突を外へ引き出すため、住居の壁に接して設けられます。従って、炉のない中央の広い空間が自由に使えるようになります。また、壁際に竈を設けると、葺《ふ》きおろしたままの屋根では火事が心配になるため、垂直な壁を作る必要が生じます。壁を高くすることは、窓を作ることが容易になり、明かり取りにも、室内の換気にも適し、住居の容積が増えて周辺をも有効に使えることを意味します。広くなった空間は、今の住居のように、台所、居間、寝間など、住居内を機能ごとに分けて使うことも可能となります。機織りや莚・俵編みなどの比較的広い面積のいる作業が屋内でできるようになります。炉での食事は、炉を囲み、煮炊きしている容器から直接取りますが、竈での食事は、煮炊きの場所と食事を取る場所とを区別することとなります。このように、住居内に竈が取り付けられることで、人々の生活様式に大きな変化がもたらされたのです。

竈と煮沸容器――竈用容器の登場

狭い炊き口から空気を取り入れ、上昇気流を生じさせて火力を高めるための煙突を持つ竈の構造が、硬質の須恵器を焼く登窯《のぼりがま》に似ているところから、須恵器の伝来と密接な関係にあるとする意見があります。ことの真相はともかく、竈の伝来とほぼ同じ五世紀頃に新しい土器として須恵器《すえき》が伝わってきます。須恵器は、それまでの素焼きの土器である土師器《はじき》に比べて極めて硬質で、容器としての保水性にも優れ、轆轤《ろくろ》の使用や焼成面積の広い登窯による製法は大量生産を可能にし、急速

甲良町下之郷遺跡出土の長胴甕
(滋賀県教育委員会蔵)

に普及していきます。しかし、火には弱く、煮《しゃ》沸《ふつ》容器には適していません。煮沸には従来の土師器が最適なのです。

竈の普及は、煮沸容器としての土師器の役割を大きくし、その構造に適したさまざまな形のものが作られます。炉では煮沸容器全体に火があたるため、その形にはほとんど変化がありませんでした。竈では、その構造から燃焼部に入っている部分だけに火があたるため、胴部を長くして火のあたる面積を増やした長胴の甕、逆に底部の面積を広くする鍋型の土器、火のあたらない部分があるところから、甕の胴部に取っ手を付けて運びやすくしたものなど、さまざまな形のものが生まれました。また、竈が普及するに従って、これらの煮沸容器にたいする需要が大きくなり、例えば、近江型ともいうべきよく似た特徴を持つものが大量に生産されるようになります。須恵器と同様に、各種の煮沸容器を専門的に生産する集団が生まれたことを意味します。

一方須恵器は、その高度な技術を要するところから、専門の工人集団が生産するものですが、その対象は、貯蔵および供膳用の各種のものを主とし、普及していきました。特に、杯《つき》や高杯《たかつき》など、土師器にはなかった供膳用器種を大量に生産しています。杯類は今の茶碗にあたり、住居跡の調査では、煮沸用の土師器や貯蔵用の須恵器類とともに、ごく普通に出土するものです。また、何個体も出土するところから、各個人用の食器として使われていたと考えられます。竈の設置は、調理場と食事をする場所とを分離しましたが、食事の様式をも変化させていったのです。

竈と竈神――ミニチュア炊飯具セット

真野《まの》から皇子が丘にかけての大津北郊の地域には、六世紀から七世紀にかけての間に、かつて千基を越える古墳が築造されていたといわれています。その大半は、通路となる羨道《せんどう》と棺を置く玄室《げんしつ》とからなる横穴式石室を持っています。この地域の横穴式石室からは、ミニチュアの炊飯具形土器のセットがよく出土します。これは、竈と煮沸容器の甕、蒸し器である甑《こしき》とがセットになったものです。滋賀県、奈良県、大阪府、兵庫県、和歌山県の五府県で三〇遺跡六一例が知られていますが、そのうち四一例が滋賀県からの出土といわれています。また、県内でも、栗東市、長浜市、旧浅井町でそれぞれ一例が知られているほかは、すべて大津北郊地域の古墳からの出土で、非常に限られた地域に集中しています。この炊飯具セットは、横穴式石室に納められる副葬品の中でも、他のものとは区別されてまったく違った位置に置かれる傾向にあるといわれています。また、横穴式石室は血縁者達を順次葬ることのできる構造を持っていますが、炊飯具は、今後この石室を使用せず、完全に封鎖する最後の埋葬にあたって、その葬送の儀礼の際に納置されたものと考えられています。

大津市福王寺第２号墳から出土したミニチュア炊飯具セット
（滋賀県教育委員会蔵）

『古事記』や『日本書紀』などに出てくる「黄泉《よみ》の国」伝承が横穴式石室の構造を反映しており、炊飯具セットが「黄泉戸喫《よもつへぐい》」を暗示させるとの指摘が早くからされています。埋葬されてきた人々との最後の別れの儀式の際に使用され、納められたのでしょうか。

ミニチュアの炊飯具セットが外来系の構造とされる横穴式石室の分布と重なり、渡来系氏族の伝承の残る地域に集中的に分布するところから、それらが渡来系氏族の信仰の名残とも考えられています。今では、竈は祭りなどで、神にささげる料理を調理する時など特別な場合に使用され、普段はそこに宿る竈の神様や使用する火の神などに対する信仰から、注連縄をはり、神棚を設けて祭っています。

竈神にたいする信仰は、考古資料や文献資料などから奈良・平安時代にまでさかのぼることができますが、その起源はこの炊飯具セットにあるのかも知れません。

竈と調理――ハレの日の食事

ミニチュアの炊飯具土器のセットは、竈と煮沸用の甕、さらに、蒸し器である甑で一セットとなるものです。このセットから見れば、甑があることから、いくつかある米の調理法のうち蒸し飯が主な調理方法のように見えます。実用的な甑は、須恵器が伝わった頃には、その中の一器種として少なからず見られました。

しかし、少なくとも竈の普及に伴い、煮沸容器として生産される土師器の器種を見ると、甑は極めて少ないのです。弥生時代に、鉢形の土器の底部に小さな穴を開ける有孔鉢型土器と呼ぶものがあり、甑とする説がありますが、竈が伝わるまでの古墳時代の初頭頃にはなくなっています。甑は、その後須恵器の伝来する五世紀代までに姿を消したかのように見えます。また、須恵質の甑も一時的なもので、その後はほとんど姿を見ることがありません。甑は、木製の曲物《まげもの》（今の蒸籠《せいろう》）にとって代わられたのかもしれませんが、そうだとしてもごく限られた場合に使用されていたのではないかと考えられます。このことは、一般の住居跡を調査して出土する土器類の構成や、湿地から出土する曲物の多くに底板があったようであり、蒸籠としての機能を示すものが非常に少ないことからも明らかであろうと考えます。

米は、今と同じ炊き干しによる調理方法が行われていたのであり、蒸し飯は、甑の出土量が少ないことや、埋葬儀礼に伴う炊飯具セットに甑が用いられていることなどから、非日常的なハレの日にだけに限って調理されたのではないでしょうか。今でも蒸籠を用いるのは、正月に餅を作るときなどハレの日である場合が多いのは、そうした伝統を引き継いでいるからなのでしょう。

農具の鉄器化と新来の農具

農耕具の種類として、開墾や耕起などに使われる鋤《すき》と鍬《くわ》、苗代や田をならす柄振《えぶり》、苗の運搬などに使う田舟《たぶね》、収穫具としての鎌、脱穀用具としての臼と杵、籾殻などを取り除くための箕《み》などがあります。これらはいずれも、弥生時代にほぼ出現し、使用されていた道具類です。古墳時代に入っても、基本的な農具の種類に変化はありませんが、生産性や耕地面積などは、古墳時代に入って飛躍的に発展したといわれています。それは、弥生時代にあっては、主に工具類や武器などのごく一部にしか使用されなかった鉄が、古墳時代には農具にも利用され、普及していったことに起因すると考えられます。また、畜力を利用した農法など、新しく大陸から伝来した農業技術の普及も見逃すことができません。

まず、農具の鉄器化として、鍬や鋤の先に、鉄の刃をはめ込むものが用いられるようになったことをあげることができます。鋤先は、U字形で、木部をはめ込むために断面がV字形の溝を持っています。現在の鋤先と同じですが、刃の部分は幅四㎝程度であまり大きくありません。鍬先は、鋤先と同じ形のものの他に、長方形の鉄板の両側を折り曲げ、鍬の木部にはめ込む形のものがありま

東近江市堂田遺跡出土の馬鍬
（滋賀県教育委員会蔵）

す。農具は土木用具にもなり、これまでの木製のものと比べれば、硬い土でも起こすことができ、水掛かりの悪い土地への水路の掘削《くっさく》、ため池の構築など、開墾できる対象地が広がり、水田面積が大きく確保されることとなるのです。

また、東近江市堂田《どうだ》遺跡からは、五世紀後半の馬鍬《まぐわ》が出土しています。畜力を利用して耕土を起こす道具で、九本の棒状の刃を付けたものの上に、人力で押すための取っ手を付け、牛や馬に引かせるために二本の棒状の突起を付けています。東近江市石田遺跡からは堂田遺跡より一〇〇年ほど古いものが出土していますが、出土例が少なく一般化していたかどうか疑問です。ただ、唐鋤《からすき》とともに、古墳時代に畜力を利用した耕作法が伝来していた確実な証拠となります。さらに、堂田遺跡などの周辺では、畜力を効率よく利用できるほどの広い面積を持つ水田が存在していたことが想像できます。

住

集落

竪穴住居――五角形住居

弥生時代の集落は、稲作の伝来とともに、自然の灌漑《かんがい》適地を求めて低湿地に広がっていきます。弥生時代前期の高島市針江浜遺跡や中期の安土町大中の湖南遺跡などでは、琵琶湖と内湖との間に形成された砂州上に集落を営み、前期の守山市服部遺跡では、河川が作る谷状地形を利用して水田と集落を形成しています。集落では、人々は竪穴住居に住んでいました。竪穴住居には、平面が円形のものと方形のものとがありますが、後期には方形のものに統一されます。中央に炉を設け、屋内に立てた四本の柱で屋根を支えます。畳で一〇畳前後の広さで、一棟が一単婚家族の住居と考えてよいでしょう。この竪穴住居が数棟ごとにまとまって分布することが多く、同族ごとのまとまりを示していると思われます。このまとまりが集まって集落が形成されるのです。大中の湖南遺跡では、三棟前後の住居で構成する家族が、八グループ程度住んでいたと推測されます。

余呉町桜内遺跡の五角形の竪穴住居（滋賀県教育委員会提供）

集落には、住宅である竪穴住居以外に、掘立柱建物がいくつか伴います。その多くは、梁行《はりゆき》が一間《けん》（約一・八m）、桁行《けたゆき》が三間ほどのもので、竪穴住居の柱より太いものを使っています。一般的に高床の倉庫と言われている建物です。秋に収穫した米を収納するための施設で、弥生時代にはムラ全体で管理していたものと思われます。

集落には、こうした住居である竪穴住居群と倉庫である数棟の掘立柱建物が見られるのが一般的なのですが、弥生時代の後期になると、方形の竪穴住居の他に、五角形をした特殊な竪穴住居が現れます。余呉町桜内《さくらうち》遺跡では、河川状の水路を挟んで分布する数十棟の竪穴住居群が検出されています。その多くは一辺五m前後の規模ですが、この中に一辺が通常のものに比べて一・五倍ほどの大型のものと、五角形の住居が一棟ずつ見つかっています。桜内遺跡では、これら住居群の北側で、ほぼ同時期の方形周溝墓群が発見されています。それらは、数単位で密集する規模の小さいものの他に、一辺でそれらの二倍の規模をもつものが二基、一・五倍以上のものが一基あり、明らかに格差のある墓が作られていました。五角形住居や大規模な住居には、こうした墓に見る格差と同じ意味が含まれているのでしょう。

倉・神殿――棟持柱建物

竪穴住居は縄文時代以来の伝統的な建物ですが、これに対して掘立柱建物は弥生時代の特徴を示す建物といえるでしょう。稲作の開始とともに、収穫された米の収納施設が必要になります。鼠《ねずみ》などからの被害を避け、風通しがよくて高温にならないような建物として、掘立柱による高床の倉庫が広く用いられるようになりました。米は、穂首から刈り取られたまま、または籾の状態で土器などに入れられて保管されますが、翌年の田植えのための種籾に「田の神」といえる穀霊を宿らせ、新しい命を与えるための祭が執り行われます。種籾の入っている高床の倉庫は、穀霊の宿る場所として、やがて神聖なところと考えられ、祭の中心的な場となります。倉庫が祠《ほこら》となり、神殿となっていくのです。

掘立柱建物の中には、梁行に実際に棟を支える柱以外に、建物の外側に棟持柱《むなもちばしら》と称する柱を持つ特殊な建物があります。県内では、守山市伊勢遺跡や栗東市下鈎《しもまがり》遺跡などで、弥生時代後期の

高島市針江川北遺跡の棟持柱建物（滋賀県教育委員会提供）

大型のものが見つかっています。高島市針江川北遺跡では、矢板を打ち込んだ溝が、直径にして二十数ｍの規模で円形に巡らされ、その内側と外側に一棟ずつの掘立柱建物が相対するように建てられていました。このうち外側のものが棟持柱を持つ建物で、内側のものも板状の柱を持ち、ともに特殊な建物でした。集落はこの空間を核に、あたかも円形状に展開されており、この空間と建物は集落の中心部にあり、神殿を構成するものであったと考えられています。この遺構に重複し、わずかに時期的に先行する掘立柱建物二棟が発見されていますが、うち一棟が棟持柱建物で、神殿の建て替えが行われています。棟持柱建物は、一遺跡一棟程度しかなく、九州から静岡県までで、わずか十数例しか見つかっていません。絵画土器の中に描かれ、銅鐸の絵画にも登場しています。また、伊勢神宮の社殿に代表される神明造《しんめいづくり》として知られており、こうした神殿につながる建物とされています。

濠――水路と環濠

安土町大中の湖南遺跡は、水田を伴った代表的な弥生時代の農耕集落とされています。遺跡内には、六〇〇〇㎡から九〇〇〇㎡の大区画の水田八面があり、集落との間には水路が引かれていて、唯一橋で結ばれています。水路は、その両端はわかりませんが、集落のある砂州に沿って、長さ五〇〇m以上あり、幅約七mで、杭と矢板で護岸されています。遺跡が、内湖の湿地を利用した水田、琵琶湖と内湖との間の砂州上にあるムラといった立地から、この水路は主に排水のための農業用のものと考えられます。

弥生時代後期の余呉町桜内遺跡は、東側は山が迫り、南と北側も丘陵が張り出した狭い扇状地形の台地上に立地しています。西側だけが谷筋となっています。南北約二〇〇m、東西約二〇〇mの台地のほぼ全域に広がる集落です。ここでは、扇状地形のほぼ中央、すなわち、集落の中央に、ムラを南北に二分するように、幅四m、深さ数十㎝ほどの溝がありました。溝の東は山裾に延び、西は台地の端で開放されていました。矢板などの構造物は見られませんでしたが、この溝は、谷筋からの雨水などが集落のある台地上に広がらないように、集水して排水するために人工的に設けられた溝と考えられます。

守山市にある二ノ畔《にのあぜ》・横枕《よこまくら》遺跡は、弥生時代中期から後期にかけての遺跡です。ここでは、幅約五m、深さ約一・八mもある大規模な溝が検出されています。これまでの何回かの調査で、この溝は、南北五五〇m、東西四〇〇mの規模で、環状に巡るものと推測されています。溝の内側からは竪穴住居が見つかっており、集落を取り巻く溝であったとされています。このように、溝で囲まれた集落を環濠集落と呼び、全国的に広く分布しています。環濠は、ムラを守る防御施設と考えられ、弥生時代を特徴づけるものです。二ノ畔・横枕遺跡の環濠集落は、全国でも最大級のものといわれています。

集落の調査では、自然の河川なども含めて、大小さまざまな溝跡が出てきています。その性格については、農業用水路であったり、飲料水や魚介類を確保するための川、ムラの防御のための濠などが考えられ、それぞれ生活と密接な関わりを持っていたのです。

墓——方形周溝墓

余呉町桜内遺跡は、三方を山丘に囲まれた扇状地形の台地に営まれた弥生時代後期のムラです。東西、南北とも約二〇〇mの広さで、西側は大きな段差を持った谷状の地形となり、南北両側は山丘の裾に沿った浅い谷筋があって、山からの雨水などを引き込み、西側の大きな谷に注ぎ込んでい

余呉町桜内遺跡の大型方形周溝墓群（滋賀県教育委員会提供）

ます。このように、狭いながらも平坦で、排湿を考慮した地形を選び、人々は生活を営んでいたのです。この桜内遺跡では、ムラとは浅い谷筋を挟んだ北側の山丘上からその山の裾部分、ムラからは約一〇〇m離れたところに、多数の方形周溝墓が見つかっています。この方形周溝墓の一群は、竪穴住居とほぼ同じ時期に作られていて、ムラの共同墓地であったと考えられます。ムラの中には、五角形住居や大型住居があって、階層の差が生じていましたが、墓も大型のものと小型のものとの差が歴然とした状態で作られていました。

高島市針江川北遺跡も弥生時代後期の遺跡です。バイパス工事に伴う調査で、南北に細長く調査が行われました。その結果、祭殿を思わせる建物群と、その空間を中心に、竪穴住居群、柵列、大溝、木棺墓群の順で、南北両方向に順次、分布していることがわかりました。すなわち、環状に取り巻く柵及び大溝と、その内側に祭殿を中心に住居群が広がり、大溝の外側には木棺墓群が分布している弥生時代の環濠集落の状態を復元することができたのです。木棺墓は、盛土や周溝はなく、大小三基前後が集まり、家族墓的なようすを示しています。

このように、少なくとも弥生時代後期には、環濠の外側、あるいは溝や河川を挟んだムラの外側などに共同の墓域を設け、家族ごとのまとまりを持って順次、墓を作っていきました。ただ、階層の上位のものも同じ共同墓地に墓を作っており、この点が首長の墓を区別する古墳時代との差となっています。

水田・畑——低湿地の農業

琵琶湖と内湖との間に形成された砂州上に立地する安土町大中の湖南遺跡には、六〇〇〇〜九〇〇〇㎡ほどの規模の水田が八面あったと推定されています。この水田を耕作した人々の住居は、幅七mほどの水路を挟んで、水田より少し小高い砂州にあったとされています。水路には橋が架かり、水田とムラを結んでいました。また、水路からは、耕作用の農耕具が多数出土しています。農耕具は大半が鋤や鍬などですが、破損品が多く、一方で、未完成の製品が良好な状態で出土しています。使用中の破損品を破棄する一方で、常時、代替え品として余備品を貯えているようすが窺えます。

高島市針江浜遺跡の中央部に堰が設けられた水路
（滋賀県教育委員会提供）

ムラの人たちは、耕作するだけではなく、道具そのものを自給していたのです。未完成の製品は、弥生時代後期になるとほとんど出土しなくなります。農耕具を作る専業的な集団が生まれ、自給する必要性がなくなったからでしょう。

高島市針江浜遺跡も大中の湖南遺跡と同じように、内湖と琵琶湖との間の砂州上に形成された遺跡と考えられます。時期的には同じ頃ですが、この遺跡は弥生時代前期にまでさかのぼることができます。湖岸沿いに生育していた柳の大木、自然にできた流路、水路で放射線状に区画された水田、倉庫と推測される掘立柱建物や竪穴住居、そして、畑の跡と考えられる畝跡などが見つかっています。建物のあるところと水田や畑などとの間には、溝などはありません。ただ少し小高くなっているだけでした。この遺跡で注目されるのは、自然流路に設けられた堰《せき》です。堰を設けることによって水田の水路への水の供給や排水に対する調節が行われていたと考えられるのです。遺跡が弥生時代前期までさかのぼる可能性があるだけに、稲作の伝来と同時に、極めて高度な土木技術も伝わってきているのです。また、倉庫や住居地域を挟んで畑の跡と見られる畝跡が検出されていますが、大中の湖南遺跡でも見つかっていない遺構だけに、今後の土壌分析などの結果が待たれます。

弥生時代の水田は、高度な土木技術を加えながらも、自然の低湿地を利用したものであり、それを耕作する人々の集落もまた、水田に近い低湿なところに営まれていたのです。弥生時代の集落分布が、現在の琵琶湖の湖中から湖岸、あるいは河川沿いに集中するのはこのためなのです。

環濠集落と高地性集落――防御と軍事施設

守山市にある二ノ畔・横枕遺跡では、深い溝が集落を取り囲むように巡らされていたことがわかっています。高島市針江川北遺跡では、神殿を思わせる建物のある空間を中心に竪穴住居群が分布し、その外側に柵列と大溝があり、集落を環状に取り巻いていたのではないかと考えられています。この他、棟持柱のある巨大な掘立柱建物が見つかっている守山市伊勢遺跡や、栗東市下鈎遺跡でも二重に巡らされた溝の存在が明らかになっています。溝が集落を取り巻いているところから環濠《かんごう》集落と呼ばれています。県内では、いずれも弥生時代後期の遺跡で、集落を取り巻く溝の発見が相次いでいます。有名な佐賀県吉野ヶ里《よしのがり》遺跡は弥生時代中期の遺跡ですし、京都府の丹後地方では前期にさかのぼるものも見つかっています。環濠は、その規模や形状から防御施設としての濠と考えられています。ただ、集落内では、一般的な竪穴住居だけではなく、伊勢遺跡のような大型の掘立柱建物や針江川北遺跡のように特殊な施設が発見される事例もあり、環濠集落は都市的な機能を持った、いわば、クニに匹敵するものもあるのではないかと考えられるようになりました。こうした環濠集落を始め、多くの弥生時代の集落跡は、琵琶湖沿岸や河川沿いの平地に立地しています。

一方、こうした平地とは五〇m前後もの高低差のある低丘陵上のわずかな平坦地に立地する遺跡が少なからず発見されています。これらは高地性集落と呼ばれ、高峯《たかみね》遺跡や京ヶ山《きょうがやま》遺跡など、大津市を中心とした湖西方面に集中して発見されています。竜王町堤《つつみ》が谷《だに》遺跡が唯一の湖東方面の事例とされています。非常に見晴らしのよい場所に立地し、数棟の竪穴住居とそれを囲む溝、烽火台《のろしだい》ではないかとされる焼土坑、石鏃や石槍などの武器類が出土しており、非常に短期間のうちに消滅しているという特徴を持っています。こうした特徴から、当時の軍事施設ではないかとされています。環濠集落や高地性集落は、九州あるいは瀬戸内海沿岸、大阪湾などに分布しているものと極めて強い結びつきがあると考えられ、『魏志倭人伝』の記述との関連も注目されています。

住居

暖房――オンドル状遺構

竈が作り付けられるまでの竪穴住居は、地面を掘り下げた竪穴の外側にまで葺き下ろした葦《よし》や茅《かや》などの屋根を持ち、非常に保温性に富んでいたと考えられます。また、常に火を絶やさない炉の熱は、寒い時期の暖房に効果を発揮したことでしょう。しかし、六世紀に入って竈が普及すると、壁が高くなって屋根と分離し、すきま風が入りやすくなる一方、炉が住居内からその姿を消してしまいます。炉を作らなくても住居内で火を焚くことは可能で、いくつかの調査事例に、竈の部分以外の場所で、住居の床が火を受けた痕跡を見出すことがあります。焚き火以外の暖房施設については、高月町の井口遺跡で竈を利用したものが見つかっています。ここでは、竈が竪穴の壁の中央寄りに、斜めに作り付けられ、煙突が竈からすぐに戸外に出されるのではなく、壁に沿って竪穴のコーナーまで、約一mの長さの土壇を作り、その中をトンネル状の煙道にし、煙突に繋いでいたのです。七世紀から八世紀の比較的新しい時期の竪穴住居に多く見られました。竈には、本来、不必要な施設で、効果のほどはわかりませんが、ホテルなどにあるスチームヒーターと同様に、この煙道を通る熱を利用した住居内の暖房設備だったのでしょうか。

日野町の野田道《のだみち》遺跡では、石積みされた「オンドル」が検出され、大陸文化の伝来とともに、渡

日野町野田道遺跡のオンドル状遺構（滋賀県教育委員会提供）

来系氏族の居住との関連で大きく報じられたことがあります。オンドルといえば、韓国などの床暖房のことを思い浮かべてしまうのですが、竪穴住居に床があった事例を知りません。七世紀後半の住居で、構造的には井口遺跡の煙道に似ていますが、井口遺跡では、大陸文化との関係を検討する資料がありません。大津市穴太《あのう》遺跡では、石組みのものが見つかっています。塊石を一、二段積んだ長細いS字形の溝を床に埋め込んで作ったものです。住居全体の構造はわかりませんが、韓国に全く同じ構造のものがあると聞いています。

炉以外の暖房設備については、今のところ特殊なもの以外は不明です。燃料についても、薪《たきぎ》以外に、火持ちのよい木炭が考えられますが、県内では、大津市の南郷《なんごう》遺跡の七世紀中頃の炭窯が最も古く、なおかつ、製鉄用の燃料を供給するためのものが知られているにすぎません。さらに、古墳時代に火鉢にあたる容器もまだ確認されていません。竪穴住居の暖房方法、設備についてはこれからの研究課題でしょう。

大津市穴太遺跡の切妻大壁造建物（滋賀県教育委員会提供）

大壁造建物――渡来人のムラ

掘立柱建物は、すでに、弥生時代からありますが、居住用の竪穴住居に対し、そのほとんどが高床の倉庫として築造されています。さらに最近、栗東市の下鈎遺跡や守山市の伊勢遺跡などで、棟持柱を持つ建物や、コの字形に配列される大型建物群が検出されることから、遅くとも弥生時代後期の頃には、掘立柱建物が神殿や首長級の居館と考えられる特殊な建物として用いられるようになったことがわかってきました。このような弥生時代の掘立柱建物に見られる特殊性は、古墳時代に入っても受け継がれています。一般集落内での竪穴住居から掘立柱建物住居への変化は、畿内などの早い地域でも七世紀を待たなければならず、湖北地方の高月町井口遺跡などでは、平安時代に入ってもなお、伝統的な竪穴住居が一般的な住居として用いられていたのです。

古墳時代の終わり頃には、大壁造《おおかべづくり》建物と呼ぶこれまでにはなかった構造の住居が現れます。竪穴住居のように地面を掘るのではなく、平地式（床を設けているかどうかは不明）の住居で、方形に溝を掘り、その中に柱を建てあげ、これで屋根を支えるとともに、この柱を芯として土を塗り上げて壁を造る建物を指しています。掘立柱建物も含めて、これまでの建物の壁には土壁を持つものはなく、板壁が普通でした。この建物は、最近、多賀町などでも確認されていますが、穴太遺跡など、大津の北郊地域に集中して分布しています。この地域には、ドーム状の天井を持つ横穴式石室、信仰を示すミニチュア炊飯具セットの副葬、オンドル構築など、六、七世紀頃の渡来系文物が数多く発見され、また、渡来系氏族の伝承の多い地域であることから、この大壁造建物も渡来人との関係の深い建物と考えられています。ただし、六世紀から七世紀頃の限られた時期に作られ、その後の建物には大ききな影響を与えなかったようです。

竪穴住居と壁――竈と高い壁

壁際に竈が作り付けられることによって、竪穴住居の壁を高くしなければ、竈から漏れる炎が葺き下ろした屋根に移り、火災の原因ともなりかねません。これまでに調査してきた竪穴住居のいくつかに、明らかに壁を持つと考えられるものがありました。

高月町井口遺跡の壁際に柱が建つ竪穴住居（滋賀県教育委員会提供）

その一つに、高月町井口遺跡の六世紀末頃に作られた竪穴住居があります。一辺六m前後のほぼ方形のもので、竪穴の北壁の中央に竈が設けられ、内側の壁際に排湿用の溝を掘り、屋根を支える四本の主柱が建てられていました。ここまではごく普通の竪穴住居なのですが、この住居ではさらに、竪穴の壁に接して、一辺に各二基ずつと各コーナーにも一本ずつの計一二本の柱が建てられていた痕跡が見つかっているのです。柱は、直径一〇cmほどの太さで、竪穴の壁の上から排湿用の溝の底をさらに掘り下げて掘り窪められた直径二〇cmほどの穴の中に、垂直に建てられていたのです。また、柱間は等間隔で、柱の太さの半部が竪穴の壁に埋まった状態になっています。

大津市穴太遺跡などで見つかっている大壁造

建物に似ていますが、柱間が広く、柱の内側が露出していて、土壁の芯とは考えにくいと思います。むしろ、これに横板を渡して取り付けた板壁であったと考えられます。柱の高さはわかりませんが、掘立柱建物と同じくらいの高さを考えてもいいのではないでしょうか。これより少し時期が新しくなるのですが、同じ井口遺跡の竪穴住居で、竪穴の壁の外側に柱を建てるものがありました。掘立柱建物の中に竪穴があると表現できるような建物でした。このような竪穴の周囲に柱を持つものは、遺跡の中でも限られた住居のようですが、竪穴に屋根をかぶせただけのこれまでの竪穴住居のイメージを一変させるものといえるでしょう。

技術の開発

鉄の技術

鉄の伝来

『日本書紀』や『古事記』では、五世紀初めころの天皇とされる仁徳天皇の治業として、難波《なにわ》の堀江《ほりえ》を通じたり、茨田堤《まんだのつつみ》を築き、和迩池《わにいけ》を開くなど、農業上の大規模な土木工事を実施した伝承が記されています。近江でも、扇状地形で非可耕地部分の多い湖東地方などにおいて、水路の掘削などの灌漑事業が進み、六世紀には集落が広く営まれはじめています。この頃にこうした大掛かりな土木工事が実施され、水田面積の拡大と生産量の増加を可能にした背景には、倭の五王の積極的な大陸との交渉とそれに伴う先進的な土木技術の導入によるところが大きかったと考えられます。たとえば近江の湖東地方において、今のところ我国最古とされる四世紀末頃の東近江市石田遺跡や、

栗東市新開２号墳出土の鉄鋌（滋賀県立安土城考古博物館蔵）

五世紀後半の東近江市堂田遺跡出土の馬鍬、六世紀には、大陸との関係が伺える構造を持つ湖東各地の横穴式石室、日野町野田道遺跡のオンドル状の暖房設備を持つ竪穴住居、旧愛知川町や多賀町で見つかっている大壁造の住居など、渡来系氏族の存在を窺わせる遺跡が非常に多く、扇状地での開発が可能になった背景を知ることができます。

渡来系氏族の先進的な土木知識・技術に加え、土木用具に利用される鉄の入手が一層容易になり、広い範囲で利用されるようになったことも大きな要因といえます。鉄は、弥生時代の初期から青銅と共に伝わっています。青銅はやがて祭祀具などの特殊な用具のために利用されますが、鉄は当初から実用利器として、斧、鉇《やりがんな》、鑿《のみ》、刀《とう》子《す》などの工具、鋤や鍬の刃先などの農具、銛《もり》や釣針などの漁労具など多種多様の生産用具のために利用されています。その素材は、『三国史』魏書東夷伝弁辰《ぎしょとういでんべんしん》の項に見られるように、弁辰で生産された鉄が楽浪《らくろう》郡や帯方《たいほう》郡などにもたらされ、それを倭国や周辺の国々が買い求めたのです。鉄の伝来以来、鉄素材は輸入に頼り、国内では造形加工のみを行なっていたのです。鉄素材は、栗東市新開二号墳出土の鉄鋌《てってい》といわれる中ほどが細くなっている短冊形の鉄板がよく知られていますが、短冊形の斧やその他の製品の形で輸入されたものを再加工することもあったと思われます。わが国での製鉄は五世紀を待たねばならず、六世紀後半以降にようやく本格化します。その権益の掌握の可否が古墳時代の王権にとって大きな問題だったのです。

国内生産

わが国での鉄の生産の開始については、京都府弥栄町《やさかちょう》の遠所《えじょ》遺跡で、製鉄炉そのものではないのですが、それに燃料を供給するための炭窯が発見され、五世紀にさかのぼる可能性が高くなってきました。また、製鉄の際に生じる鉄滓《てっさい》（砂鉄や鉄鉱石中に含まれる不純物が排出されたもの。ノロともいう）が古墳に副葬あるいは供献されている事例から、四世紀にまでさかのぼる可能性が示唆されています。しかし、初期の製鉄方法は、朝鮮半島などの民俗的な事例から、自然通風の良い場所で、しかも天気の良い日が続きそうな時期を選び、積み上げた薪の上に砂鉄を置き、その上にさらに薪を積み上げて火を付け、何日も燃やし続けてできた粗悪な鉄の塊を拾い集め、再び加熱して何度も打ち、小さな鉄製品を作り上げるという原始的な方法であったと推測されています。こうした製鉄遺跡は発見することが難しく、今後の課題として残されます。各地で発見されている遺跡からは、わが国での製鉄の本格的な操業は六世紀に入ってからとみられます。

近江では、湖西の旧滋賀・高島郡から旧栗太郡にかけての山丘の谷間や谷筋に非常に多くの製鉄遺跡が分布しています。また、湖北の伊吹山系も今後多くの遺跡が発見される可能性の高い地域です。これまでの調査では、湖北の木之本町古橋の製鉄遺跡が六世紀末から七世紀初頭頃の操業ではないかとされ、今のところ最も古い事例です。次いで、瀬田川西岸、大津市の南郷で七世紀中頃のものが発見されています。これらは単発で見つかっているものですが、大津市から草津市にかけての瀬田丘陵一帯には、七世紀中頃から後半の大津市源内峠《げんないとうげ》遺跡、七世紀末から八世紀初頭の草津市木瓜原《ぼけはら》遺跡、八世紀中頃の草津市野路小野山《のじおのやま》遺跡と多くの製鉄遺跡が分布しています。また、須恵器を生産した遺跡も数多く見つかっており、木瓜原遺跡では梵鐘《ぼんしょう》を鋳造した遺構も見つかっています。このように瀬田丘陵一帯は律令時代の大総合工業地帯だったのです。同じ丘陵に近江国庁が営まれており、これら遺跡が国庁設置と無関係ではなく、いわば官営の工房群であり、地域一帯は、国の重要な工場地帯だったと考えられます。

原料と燃料

大津市南郷の製鉄遺跡では、鉄滓に混じって多量の炭を採集しました。製鉄の燃料に木炭が使われていたのです。その炭を供給したと思われる炭窯を数百mはなれた場所で二基の存在を確認しています。草津市木瓜原遺跡では八基が調査されていますが、わずかに痕跡を残すものなどを加えるとそれ以上の相当な数にのぼるものと推測しています。製鉄には原料とともに燃料が必要で、しかも、長時間火を絶やさず、しかも高温を保たなければならないため、鉄一升に炭三俵といわれるほどに大量を要したのです。また、「砂鉄七里に炭三里」と歌われているように、鉄鉱石の採掘地とともに燃料となる良質の松などの採集地の善し悪しが操業を左右したのです。

南郷遺跡の調査では炭の他に、大量に採取した鉄滓や土などに磁石を当て、それらに混じる鉄の製品や原料を探しました。製品は見つかりませんでしたが、小指の頭ほどの鉄鉱石を二、三個見つけました。草津市の木瓜原遺跡や野路小野山遺跡では、細かく砕いた大量の鉄鉱石とともにその原石も出土しています。古代の製鉄の原料は砂鉄だけと長い間考えられていましたが、このように、近江の製鉄遺跡の調査で、鉄鉱石を用いていたことが明らかになったのです。また、その鉄鉱石を小指の頭ほどの大きさに細かく砕いてから炉内に投入していたこともわかりました。もう一つの原料である砂鉄は、熱を通しにくく、炉内に大量に投入すると炉の温度が低下する弊害があるため、鉄鉱石の方が操業しやすかったのかも知れません。ただ、砂鉄は日本の至る所で発見でき、鉄鉱石に比べて採集しやすい材料であるため、鉄鉱石の鉱脈の少ない地域や原始的な製鉄法では、製鉄原料は鉄鉱石ではなく、砂鉄であったとおもわれます。

原料である鉄鉱石の現在の路頭地域としては、湖西・比叡山の中腹、湖南・石部山、湖北・葛籠《つづら》尾崎《おざき》の東斜面などが知られています。しかし、これら路頭地域やそれ以外の場所でも鉄鉱石の古代採掘遺構は、まだ見つかっていません。製鉄遺跡の分布と密接な関係がありそうで、今後の調査如何では、遺跡との関係や鉄の一大供給地であった近江の鉄生産の組織体制などについても明らかになってくるでしょう。

製鉄炉

近江での鉄の生産は、原料に鉄鉱石、燃料に木炭を用い、六世紀後半以降に本格的に操業が開始されていたことがわかっています。その製鉄炉の構造についても、七世紀末から八世紀初頭頃に操業されていたと考えられている草津市木瓜原遺跡の調査で下部構造部分が明らかになり、重要民俗資料に指定されている島根県飯石郡吉田村菅谷《すがや》の近世踏鞴《たたら》を参考に、古代製鉄作業のようすが復元されています。

まず、炉を築くために土を盛って土段が作られます。次に、この土段の中央に、炉より一回り広い範囲を掘り窪め、その中で火を焚いて炭や灰を充填《じゅうてん》し、炉の下部構造を作ります。炉の中は非常な高熱になるため、周辺に水分があると水蒸気爆発を起こします。この下部構造は、爆発を避けるための防湿用に作られるもので、菅谷の近世踏鞴では、高度で複雑な構造の半永久的に操業できるものに工夫されています。

草津市木瓜原遺跡の製鉄炉跡（滋賀県教育委員会提供）

炉に風を送る送風装置を鞴《ふいご》といいますが、大きな炉に大量の風を送り込むため、炉の両側に足踏み式のものが取り付けられています。「タタラを踏む」とはこの鞴を踏むことからきています。

炉の壁は粘土を積み上げて作られます。木瓜原遺跡では、高さはわかりませんが、内法で長さ二・八m、幅〇・六mほどの箱形のものに復元されています。木之本町古橋遺跡や大津市南郷遺跡など六世紀末から七世紀中頃にさかのぼるものでも同様の構造に復元することができます。

こうしてでき上がった炉にまず木炭のみを入れて燃やし、次いで小割りした鉄鉱石と木炭を交互に投入しながら数日間燃やし続けます。鉄鉱石が溶けはじめると炉底壁を溶かしながら鉄滓が生じはじめるので、炉の小口の中央に孔を開けてこれを流し出します。鉄滓は鉄鉱石の鉄以外の成分で、製鉄遺跡はこの鉄滓の散布から見つけることができます。また、鉄滓は、製鉄遺跡か鍛冶《かじ》遺跡かの判断、砂鉄か鉄鉱石かの原料の違い、製鉄技術の程度などさまざまな情報を提供してくれます。木瓜原遺跡や南郷遺跡では、最後に流れ出した鉄滓が固まって、流れ出たままの状態で見つかっています。

肝心の鉄は炉の中にたまります。炉の火を落とした後、炉を壊して取り出します。取り出された鉄は品質が均一ではないため、小割りして不純物の多い部分と少ない部分とに分けられ、不純物の多い部分はそれを取り除くため、熱して打撃を加えます。それぞれ「小割り場《こわりば》」、「大鍛冶場《おおかじば》」での作業で、木瓜原遺跡ではこれらの遺構も見つかっています。こうして生産された鉄から刀や鍬先などの製品を作るための小鍛冶《こかじ》工房も、鉄床石《かなとこいし》が設置された竪穴式住居風の遺構として見つかっています。

炭窯

草津市木瓜原遺跡では、製鉄炉、小割り場、大鍛冶場、小鍛冶工房の各遺構が検出されており、鉄の生産から製品を作るまで一貫したシステムを持っていたことが明らかになっています。この製鉄コンビナートにとってもう一つ欠かすことのできないものがあります。燃料である炭の生産です。木瓜原遺跡では製鉄炉と鍛冶炉が見つかっていますが、鍛冶炉の場合、炭は消し炭のように焼いたもので十分であり、野焼程度で出来上がるため、あまり高度な技術はいりません。しかし、製鉄炉には高火度の還元炎を得る必要があるため、高品質の炭を作らなければなりません。また、「砂鉄七里に炭三里」と歌われるように、炭を作る範囲を一二km以内と近場に限っています。これは、製鉄には大量の炭を必要とする一方、遠方から輸送するにはカサばかりとって効率が悪いからなのでしょう。また、製鉄遺跡が平地ではなく山丘に立地するのも、製鉄炉の付近で多量の炭が生産でき、輸送にも苦労しないためなのです。木瓜原遺跡では製鉄炉の周辺で八基以上の炭窯が見つかっており、大津市南郷遺跡でも、炉から少し離れたところで二基の木炭窯を確認しています。時期の少し下る草津市野路小野山遺跡でも炉の側にあった炭窯が調査されています。近世においても、大量を要する炭を有効に使用しなければならず、また、炭の善し悪しが製鉄に直接影響するために、炭の生産から使用までのすべてが踏鞴場の直営でなされています。古代においても製鉄炉と炭窯は一体のもので、統一した管理下にあったと考えられます。

草津市野路小野山遺跡の白炭用の炭窯
(滋賀県教育委員会提供)

炭窯の構造には、現在見られるような形のものや地下式の長大な穴窯《あながま》になるものがあります。長大な穴窯には、焚き口と煙だしをそれぞれ一カ所だけを持つものと、側面にいくつもの掻き出し口を持つものとがあります。いずれも木瓜原遺跡や野路小野山遺跡で見つかっています。炭の種類には黒炭と白炭があります。黒炭は、木炭を炭窯の中に密封した状態で消火させたもので、一時的に火力は強くなりますが、持続力に乏しいものとなります。白炭は、炭窯内で消火する前に外へ取り出し、灰などをかぶせて消火したもので、火力を持続させる性質を持っています。長大な穴窯では、消火する前に木炭をすべて取り出すことは難しく、窯の中で消火させたほうが安全で、黒炭を作るのに適しており、側面に幾つも掻き出し口のある炭窯は、ここから消火前の木炭を取り出すことができ、白炭を生産するのに適した構造といえます。

銅の技術

弥生時代の青銅器

青銅器――銅鐸・巴形銅器・銅鏃・銅鏡

銅は、鉄とともに弥生時代にわが国にもたらされた金属の一つです。近江においても、銅を原料にした製品、青銅器が多数出土しています。弥生時代のものとしては、明治十四年に発見された十四口に、昭和三七年に発見された一〇口を加えた計二四口もの銅鐸《どうたく》が野洲市小篠原大岩山《こしのはらおおいわやま》およびその周辺から出土しています。一カ所からの出土数としては、かつて、最多を誇り、また、高さが一三四・五cmと最大のものを含んでいます。

虎姫町五村《ごむら》遺跡から出土した巴形銅器《ともえがたどうき》は、全国で一二遺跡二六点が知られているに過ぎない非常に貴重な資料です。これは、弥生時代後期前半に、特定の階層の人の持ち物として北部九州地方で製作されます。後期後半になると作られなくなりますが、一方、滋賀県をはじめ、熊本・広島・香川・大阪・長野・群馬県と周辺の広い地域に分散するようになります。北部九州では、甕棺に納められる宝器でしたが、分散する段階では一般の集落遺跡から出土することが多く、祭祀《さいし》の用具として用いられたと考えられます。古墳時代には、盾の飾り金具として出土する例を含めて、前期の古墳の副葬品として用いられています。今のところ近江の古墳からの出土例は知られていません。

鉄と異なり、銅は、多くが非実用的な祭祀や儀礼の用具を作るために利用されていますが、弥生時代の後期後半になると、倭国大乱の時代を反映して、銅鏃が、鉄鏃とともに大量に生産されます。九州の長崎・熊本県、北陸の富山・新潟県、関東の神奈川県と他の青銅器の分布範囲を越えた広い範囲で使用されています。全国で一〇〇を越す遺跡で出土しており、近江でも、余呉町桜内遺跡で一二本が出土しているのを始め、一〇カ所以上を数えます。この銅鏃も、古墳時代には、前期の古

虎姫町五村遺跡出土の巴形銅器
（滋賀県立安土城考古博物館蔵）

墳の副葬品として用いられています。近江では、安土町の瓢箪山《ひょうたんやま》古墳、大津市大塚山《おおつかやま》古墳、草津市追分《おいわけ》古墳などが知られています。この頃には銅鏃も副葬するための非実用的なものとなっているのです。

鏡は、八八枚が近江から出土しています。この内明らかに弥生時代にさかのぼるものは知られていません。ほとんどが古墳時代の古墳の副葬品として用いられたもので、その性格が権威の印とされる理由になっています。出土状況の不明なものを除いて、七遺跡一〇面ほどだけが一般集落の祭祀遺構あるいは河川跡や包含層などからの出土となっています。それらはいずれも小型のものであったり、故意に破片にした破砕鏡《はさいきょう》と呼んでいるものです。

以上の他、大津市内の後期古墳から銅製のカンザシが出土しています。また、出土地は不明ですが、草津市内の神社に弥生時代の広形の銅矛《どうほこ》が保管されています。さらに、最近、守山市内で、弥生時代の集落を囲む環濠の中から中細の銅剣が出土し、話題になりました。

銅鐸の生産

弥生時代から古墳時代にかけて、近江でも数多くの青銅器が出土しています。三四口の銅鐸、八八面の銅鏡、一〇〇本をこす銅鏃などの他、巴型銅器、銅剣があり、銅矛が保管されています。このような多数の青銅器がどこからもたらされ、また、どこで作られたかについてははっきりわかっていません。昭和三七年に、名神高速道路の工事に伴う土取り作業の際に発見された一〇口の銅鐸の内の九口については、錆の状態や泥のつきかたなどから、大中小の三口ずつを入れ子状態にしたもの三組が、銅鐸のひれの部分を上下にして一つの穴の中に置かれ、埋められていたことが判明しています。残りの十五口についても同じように一括して埋納されていた可能性があります。これらの中には、近畿地方を中心に分布するものの特徴を持つものに加え、三河から遠江方面に分布するものの特徴を持つものがあり、銅鐸を配布する有力者が、銅鐸の役割がなくなると同時に埋納してしまったのではないかとする考えがあります。しかし、この銅鐸群がどこで製作されたかについては、ほとんど情報を提供してはくれません。

銅鐸は、他の青銅器と同様に、溶かした銅を鋳型に流し込んで作る鋳造により生産されたものということだけははっきりしています。銅鐸の身の上半部に、二個の穴が前後に開いており、裾の部分には前後二カ所ずつで四カ所に窪みが見られます。さらに、銅鐸の上面にも二個の穴があり、合計一〇個の穴が開いています。これは、銅鐸が中空に作られているところから、その鋳型は、外型

野洲市大岩山遺跡出土の１号銅鐸
（滋賀県立安土城考古博物館蔵）

と中型とを組み合わせて作らなければならず、二つの型を正しく保持し、二つの型の間の空間を一定にして溶かした銅を流し込むことができるようにするため、内外の型をつなぎとめておく必要があります。つなぎとめておくものを「型持《かたもたせ》」と呼んでいますが、金属を使う場合ではそれが製品に残り、石や砂の場合では、製品にその部分だけ穴が開きます。銅鐸の場合、先に見たように、一〇カ所に型持を用いているのが普通です。

実際の鋳型は、大阪府茨木市東奈良《ひがしなら》遺跡から複数の型式のものが出土しています。このうち、大阪府豊中市桜塚・香川県善通寺市俄拝師山《がはいしやま》出土の銅鐸と兵庫県豊岡市気比《けひ》出土の銅鐸の鋳型であることがわかっており、東奈良遺跡で生産されたものが各地に配布されているようすを知ることができます。この他に兵庫県赤穂市上高野、奈良県田原本町唐古《からこ》・鍵《かぎ》遺跡、京都府鶏冠井《かもい》遺跡などからも銅鐸の鋳型が出土していて、銅鐸の生産地が複数であったことがわかります。これらの鋳型は、唐古・鍵遺跡の土製鋳型の他はいずれも石製鋳型です。

このように、今のところ、銅鐸の分布状況に合わせて、近畿地方を中心に鋳型が出土しています。

しかし、従来、銅鐸の分布が及ばないと考えられていました九州地方で、福岡県夜須《やす》町で小銅鐸が発見されただけではなく、福岡県春日市で、他の青銅器に混ざって、銅鐸そのものの鋳型が出土し、銅鐸の生産地と配布先との関係に大きな話題を提供することとなりました。野洲市の小篠原大岩山付近から出土した戦前、戦後のものを合わせた二四口の銅鐸も、その生産地については慎重に考えなければなりません。

銅鏃の生産——倭国大乱と武器の量産

弥生時代の青銅器の生産および流通に関して、銅鐸の鋳型が大阪・兵庫・奈良・京都などの各府県で見つかっていることから、その中心地の一つに近畿地方をあげることができます。一方、『魏志倭人伝』に記載される奴国《なこく》の王の墓とされる福岡県春日市須玖《すく》・岡本《おかもと》遺跡周辺の各遺跡からは、銅矛、銅戈《どうか》、銅剣、小銅鐸、銅鏡、銅鏃などほとんどの青銅器の鋳型が見つかっています。佐賀県吉野ヶ里遺跡の巴形銅器、福岡市香椎《かしい》の銅釧《どうくしろ》などを加え、北部九州にもその中心地があったようです。青銅器の生産は、鋳型の製作、銅を溶かすための高温度の火力装置などの高度な技術の習得だけではなく、原料の入手、製品の配布などを伴うため、対外的な交易組織や対内的な流通組織など政治的、経済的に高度な基盤を保有したクニにおいて始めて可能であったと考えられます。従って、弥生時代にあっては、北部九州と近畿地方に青銅器の生産・流通のセンターがあって当然かもしれません。

両地域を中心に生産が行われ、流通した青銅器も、弥生時代の終り頃には、銅鐸の埋納が示すように、その終焉を迎えます。このことは、弥生時代の青銅祭器による祭りの終わりを示すのであって、青銅器の生産そのものが終わったわけではありません。むしろ銅鏃に関しては、実用の武器として、その生産が盛んに続けられているのです。銅鏃の生産はやはり鋳造によりますが、東京国立博物館に保管されている「伊香郡某村」出土のものと「近江国某」出土のものの二つの資料の検討から、銅鏃の場合、数個の鏃を直線的に連結した状態の鋳型が作られ、一度に多数の銅鏃が鋳出できるようにされていたと考えられています。他の青銅器が一つの鋳型から一点ずつ鋳造されているのとは異なり、「伊香郡某村」では四個、「近江国某」では六個がつながっており、一度の鋳造で四あるいは六個が出来上がる仕組みになっているのです。この生産方法を示す鋳型が福岡県春日市御《ご》

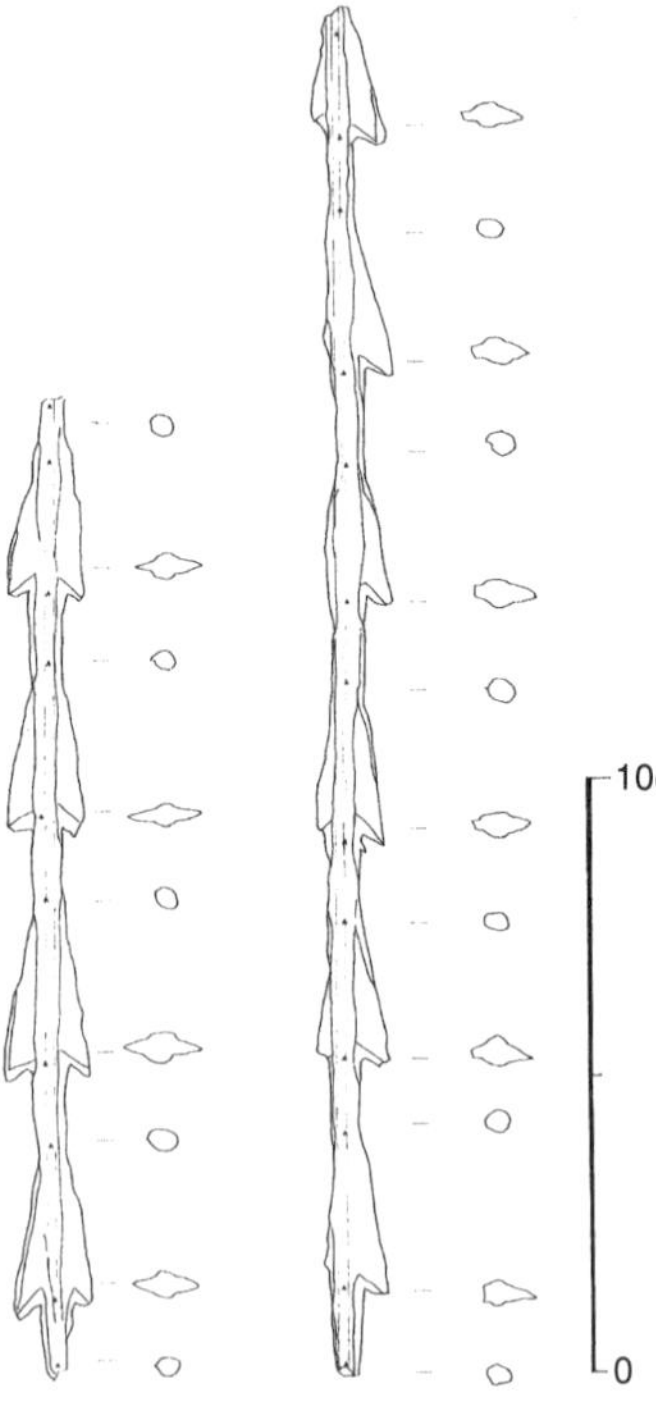

「伊香郡某村」（左）・「近江国某」（右）出土の銅鏃（参考文献二四より）

陵《りょう》遺跡で出土し、実証されるところとなりました。ここの鋳型は断片ですが、直線的に連結されているだけではなく、それが三列に並んだ状態で残っており、少なくともさらに三倍の量の生産が可能となっています。余呉町桜内遺跡出土の多数の銅鏃はほとんどが同形同大で、直線連結式の鋳型から生産されたものと考えられます。

このように、量産を示す銅鏃は、滋賀県や春日市だけではなく、福岡市比恵《ひえ》遺跡や静岡県耳川《みみかわ》遺跡出土のものに、一つひとつ切り離された痕跡が確認され、また、連結したままのものが、岸和田市下池田遺跡や金沢市大友西遺跡などから出土しています。量産体制の背景には、倭国大乱という社会的背景からくる需要があったと考えられます。銅鏃は近畿地方から関東方面を中心に全国各地から出土していますが、従前の青銅器の生産とは異なり、その形に比較的多くの地域色が見られます。武器という性格や鉄鏃だけではまかないきれない消耗品的な性質から、その生産は、各地の有力者たちがそれぞれ自給的に必要分をまかなわなければならなかったのではないでしょうか。

古墳時代の青銅器

青銅器——副葬される青銅器

古墳時代にも、弥生時代からの伝統を持つ銅鏃や巴形銅器が古墳の副葬品として、その生産が引き継がれています。銅鏃は、滋賀県では、安土町瓢箪山古墳の中央石室、東近江市雪野山古墳、大

東近江市雪野山古墳出土の三角縁神獣鏡
（東近江市教育委員会蔵）

津市大塚山古墳、草津市追分古墳などの前期古墳から出土しています。しかし、銅鏃は、武器としての役割を鉄鏃に完全に譲ります。もはやその実用性を失い、古墳の副葬品としてのみ生産されるようになり、やがて、その生産そのものも終わりを告げるのです。

　巴形銅器は、弥生時代後期前半の九州北部にあっては、甕棺墓の副葬品として用いられながら、後期後半には出土しなくなり、代わって、南部九州や瀬戸内海沿岸地域、さらに畿内地方におよび、また、墓からではなく、一般集落から出土するようになります。南島産の巻き貝で、六本の突起を持つスイジガイが祖形とされています。魔除《まよ》けとしての性格を持ち、何かに吊るしたり、身に付けたりしたこの巴形銅器も古墳時代には、古墳の副葬品である盾の飾り金具として、また一部、矢を入れて背に負う道具である靫《ゆき》の飾り金具として用いられています。いずれにしても特殊な青銅器であり、これもやがて消えていくこととなります。

　古墳時代の青銅器の生産は、そのほとんどが鏡に向けられます。滋賀県でも古墳時代に属する鏡が八八面出土しています。この中に、邪馬台国の女王卑弥呼が中国の王朝である魏に朝貢した際に下賜されたとされる船載の三角縁神獣鏡《さんかくえんしんじゅうきょう》という鏡とこれを摸して日本で製作した倣《ほう》製のものが含まれます。この鏡は、同じ鋳型か原型を使って鋳造された同笵鏡《どうはんきょう》あるいは同型鏡が最もよく確認されているもので、それが全国各地の古墳に副葬されているところから、同笵あるいは同型の鏡が出土した古墳の間に、服従あるいは主従の関係があったとする説がだされた有名な鏡です。また、この鏡からは、鋳型を反復して使用するためにつく型の傷などの観察から鋳造の先後関係まで明らかにでき、さらに、鋳型を蝋《ろう》を使って複製したり、一つの原型から複数の鋳型を作るなどの技術を会得していなかったのではないかなど詳細な鋳造技術にまで問題提示がなされています。

金銅製品と鉄地金銅張製品——鍍金の技術

銅という素材は、それだけでは軟らかいため、錫《すず》を加えて硬さを増加させます。この銅と錫を主成分とする合金を青銅《せいどう》と呼んでいるのです。ただし、青銅は、錫の量を増加させ過ぎると逆にもろくなるので、その含有比率を微妙に調整する高度な技術を必要とします。また、溶融温度が低いため、鋳造には最適で、このため、鋳型が壊れない限り同じものを多数作ることができ、細かい文様を施すこともできたのです。また、銅鐸などの中空の製品や銅矛などの大型品の製造にも最適でした。しかし、弥生時代にともに伝わった鉄の硬度には及ばず、弥生時代後期に盛んに製造される銅

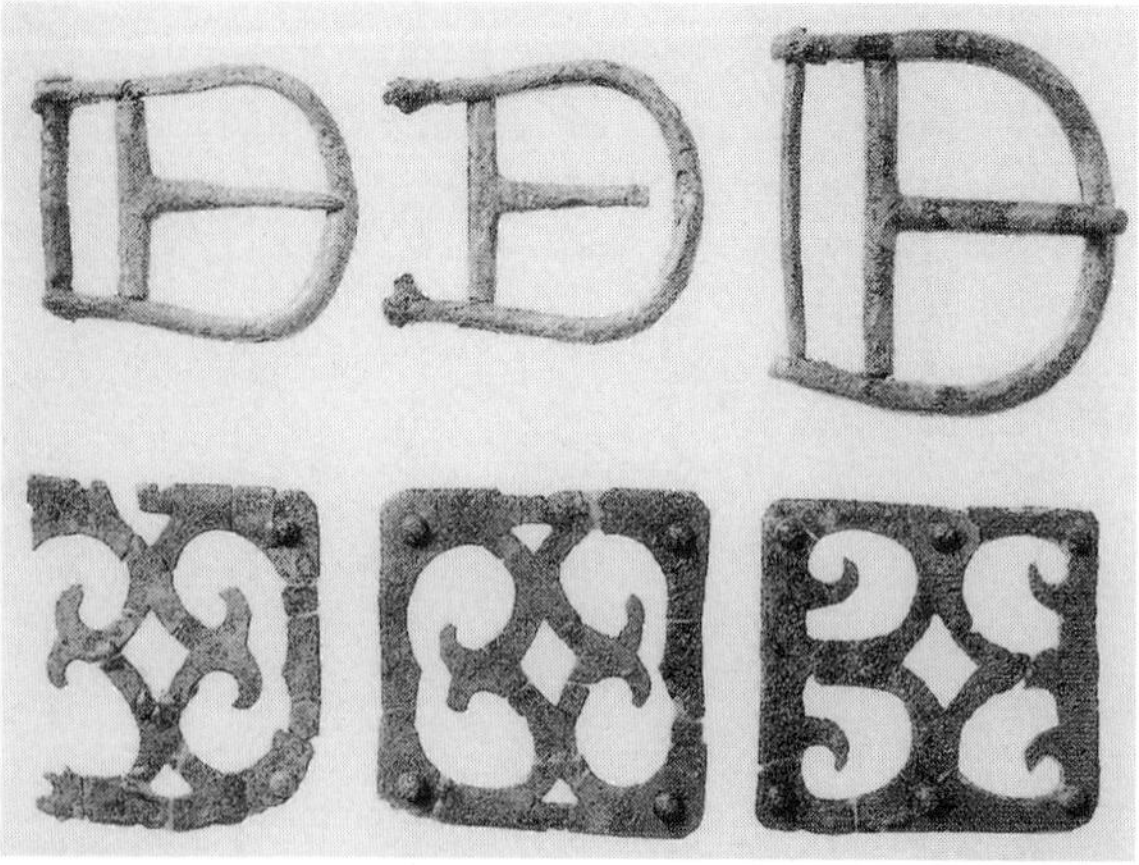

栗東市新開１号墳出土の金銅製鉸具（帯留め金具）
（滋賀県立安土城考古博物館蔵）

鏃をほとんど唯一の例外として、主に、銅剣、銅矛、銅鐸や鏡などの祭器の生産に用いられてきました。このことは古墳時代に入っても変わることなく、鏡を中心として、銅鏃や巴形銅器などに見られるように、古墳に副葬するための儀器を製造するために用いられ、農工具や武器、武具、馬具などの実用性の高いものには鉄が素材の主流を占めているのです。

　古墳時代になると、銅は、こうした製品そのものを鋳造すること以外で盛んに利用されるようになります。それは、古墳時代中期に、青銅に鍍金《ときん》（メッキ）する技術が伝わったことにより、金で製品を飾るために利用されるようになったからです。六世紀の古墳から多数出土する金環《きんかん》（耳飾り）の多くは、銅の環に鍍金したものです。また、青銅に鍍金したものを金銅《こんどう》といいますが、それを鉄製品に張る技法も伝わっています。鉄地に金箔そのものを張らず金銅を張るのは、銅に鍍金することは可能なのですが、鉄地には困難なためで、一度青銅に鍍金した金銅を箔にしてから製品の鉄地に張るのです。中期の新開一号墳から出土した轡《くつわ》や鉸具《かこ》（帯の留め金具）などは輸入品ですが、鉄地に金銅を張り付けているので、「鉄地金銅張」という言葉を頭に付けて呼んでいます。

五世紀にはまだごく一部の古墳にしかこうした製品は保有されていませんが、六世紀の古墳からは、例えば、米原市塚原二号墳を始めとする後期の群集墳から、雲珠《うず》や辻金具、帯金具などの馬具の飾り金具を中心として、明らかに日本製の鉄地金銅張の製品が多数出土します。金銅や鉄地金銅張の技術が横穴式石室を作る階層にまで広く行き渡っていたことを示しています。銅は、主に鉄製品を装飾するための材料としてその役割の幅を広げていったのです。

銅銭と梵鐘

銅は、古墳時代以降においても、仏像や仏具、銅銭などに見られるように、盛んに利用されています。我国最初の銅銭とされる和銅開珎《わどうかいちん》をはじめとする皇朝十二銭（七〇八年から九五八年の間に作られた一二種類の硬貨）と呼ばれる銅銭が、県内各地の奈良時代や平安時代の遺跡からよく出土します。この銅銭は、律令制下にあっては、近江、河内、山城、播磨、太宰府、長門、周防などに置かれた鋳銭司《ちゅうせんし》という工房で鋳造されました。『日本書紀』持統天皇八（六九四）年と『続日本紀』文武天皇三（六九九）年に鋳銭司を設置した記事が見られますが、実際の銅銭の鋳造は、元明天皇

草津市木瓜原遺跡の梵鐘鋳造遺構（滋賀県教育委員会提供）

の和銅元（七〇八）年一月に武蔵国に鋳銭司を置いて鋳造させたのが最初とされています。近江には、同じ和銅元年の七月に銅銭を鋳造させた記事が見られます（『続日本紀』）。これら鋳銭司のうち、山城（京都府相楽郡加茂町銭司遺跡）や周防（山口市周防鋳銭司遺跡）では、実際に工房が発見され、坩堝《るつぼ》や鞴など鋳造にかかわる資料が出土しています。周防では、鋳銭司遺跡付近から出土したと伝えられる和銅開珎の鋳型が山口県立山口博物館に保管されています。四点ほどあるようですが、いずれも土製で、銭銘を密接させて左右二列に、任意の方向に押圧させたものです。最も多いもので六個の銭銘が見られます。また、溶かした銅を流し込む湯道（鋳造用に溶かした金属を「湯」といいます）の見られるものがありますが、それぞれの銭形に通じる枝道のはっきりしているものはないようです。ともかく、弥生時代の銅鏃のように、一つの湯口から溶かした銅を流し込み、一度に幾つもの銅銭を作る方法であったことがわかります。

一方、梵鐘《ぼんしょう》という大型の製品を製作する遺構が近畿地方を中心に見つかっています。現存する日本最古の梵鐘は、文武天皇二（六九八）年に筑紫国で製作されたとされる京都市妙心寺や福岡県太宰府市観世音寺、また、奈良県当麻寺などの七世紀末頃のものといわれています。これらの形状に非常によく似た梵鐘を製作していたと思われる遺構が、草津市の木瓜原遺跡で見つかっています。梵鐘の鋳造に関する最古の考古資料は、七世紀後半の奈良県橿原《かしはら》市田中廃寺出土の鋳型と思われますが、木瓜原遺跡は、七世紀末から八世紀初め頃に操業していたと考えられ、鋳造遺構としては最古のものであることが判明しています。ここでは、山の斜面に梵鐘を鋳造するための大きな方形の土坑《どこう》を掘り、ここに外型と中型を設置し、鋳型が動かないように土砂で埋め込んで鋳込みを行なったと考えられています。梵鐘の底面が当たっていた部分が黒く円形に残り、一部に外型まで残っていました。直径約九〇㎝と推定され、梵鐘の下端の駒の爪と呼ばれる張り出しがほとんどない形のものに復元されています。大津市長尾遺跡でも平安時代前期（九世紀頃）の梵鐘鋳造遺構が見つかっており、山上の崇福寺《すうふくじ》あるいは梵釈寺《ぼんしゃくじ》の注文に応じて製作していたのではないかと考えられています。木瓜原遺跡の場合、近江国庁の時を告げる鐘楼《しょうろう》の上に吊り下げられたのではないかと推測されています。

弥生時代に伝わった銅は、弥生時代にはムラやクニの祭祀具、古墳時代には古墳の副葬品、奈良・平安時代には寺院用具とそれぞれの時代の社会、特に上層社会の要請によく答えてきた金属素材なのです。

土の技術

土器の生産

須恵器の生産——生産技術の伝来

粘土は、鉄や銅と違い、最も身近にあり、しかも簡単に手に入れることができます。粘性があって色々な形を作ることができ、また、それを加熱することで、形を残したまま堅固な塊になる性質を持っています。普通、二〇〇℃くらいで水分がなくなり、六〇〇℃ほどで粘土の中の結晶などの水分も抜け、七〇〇~八五〇℃ほどになると粘土中の炭素が酸化して素焼きの塊になります。七〇〇~八五〇℃は、特別な装置を作らなくても焚き火程度の火力で生じる温度といわれています。こうした性質を利用して、縄文時代以来、土器を中心とした土の製品が作られてきました。縄文土器、弥生土器、土師器、かわらけなどはいずれも同じ焼き上げ方をしたもので、時代に応じて呼び方を区別したものと理解してよいでしょう。

焼き上げの温度をさらに上げて一一〇〇℃にすると還元状態になり、粘土に含まれている物質が新しい別のものに変わって焼締《やきしめ》という現象が起こり、日本の須恵器、朝鮮半島の新羅焼《しらぎやき》など、堅くて丈夫で、水を吸いにくい陶質の土器ができます。須恵器は、形を作るのに轆轤を用いて水引きされ、一一〇〇℃の高温を得るために登窯を使います。これまでの土師器などの生産にはなかった技術で、朝鮮半島から渡来した工人の手により伝えられたものと考えられています。『日本書紀』垂仁天皇三年の条に、近江国鏡村の谷の陶人《すえびと》が、新羅から来た天日槍《あめのひぼこ》の従人だったとする伝説が書かれています。内容の信憑性には問題がありますが、鏡村の谷は、今の竜王町にある鏡山付近で、一帯には実際に多数の須恵器窯が分布しています。現在のところ、六世紀の後半頃から七世紀代の遺跡であることがわかっています。須恵器の生産技術が朝鮮半島から伝わったものと認められていたことを示す記事といえるでしょう。また、同じ『日本書紀』の雄略天皇七年の条に、百済《くだら》から献上された新漢陶部高貴《いまきあやのすえつくりこうき》ら工人たちを大和に居住させた記事がみられます。雄略天皇の治世は五世紀後半頃とされているので、比較的事実に近い内容といえます。ただし現在の研究では、須恵器は大阪府南部の陶邑《すえむら》窯跡群で五世紀前半にさかのぼって生産が開始され、各地に供給を始めていたと考えられています。近江では、今のところ甲賀市の泉《いずみ》窯跡が最も早く、五世紀の終わり頃になって生産が始まっています。それまでは、多くを陶邑窯跡群からの供給でまかなっていたのです。ただ、高島市南市東《みなみいちひがし》遺跡などで出土する須恵器が陶邑窯跡のものと異なった特徴を持っていることから、近江にもっと古い窯跡のある可能性を指摘する人もいます。

六世紀にはいると各地に須恵器窯が築かれるようになり、自給体制が整っていきます。近江でも六世紀後半以降、米原市、東近江市、愛荘町、竜王町、大津市などに窯跡が認められ、周辺地域に供給を開始しています。

土師器の生産——専業化する生産

土師器は、古墳時代から奈良・平安時代まで盛んに生産され、その後も灯明皿など、「カワラケ」と称して今日、なお、生産されています。しかし土師器は、須恵器のように特別な施設を要しないため、その生産遺跡を見つけることは難しく、あまり実体がよくわかっていません。ただ、住居への作り付けの竈が普及する六世紀後半から七世紀頃には、それと並行して胴長の甕や把手付きの甕、新しい器種である鍋など竈の機能にあった煮炊き用の容器として土師器が盛んに作られ、利用されるようになります。この需要の高まりが、専門工人による量産を促した可能性はあります。長胴甕の口の部分に、須恵器に見られるような窯場の印のような記号の見られるものがあることもその理

大津市北大津遺跡出土の奈良時代の土師器（滋賀県教育委員会蔵）

由の一つです。

この煮炊き用の容器は非常に地域色が強く、近江では、甕の口の部分が受け口風に曲がるなどの「近江型」といえる特徴を持ちます。ただ、その「近江型」の分布は、京都市内の一部を含みますが、ほぼ近江一国の範囲に限られています。また、細かくみれば琵琶湖の西部と北部とで器面の調整方法などに違いが見られるところから、生産地が幾つかあり、その供給も生産地に近い狭い範囲に限られていたのではないかと考えられます。この頃、近江でも各地に須恵器窯が作られ、周辺地域に供給されるようになりましたが、土師器でも同様の生産体制にあったのではないでしょうか。

奈良・平安時代になると、和歌山県や三重県などで土師器の窯跡が見つかりようになります。滋賀県でも見つかっているようです。いずれも須恵器窯のように大型ではなく、長さにして二mほどの規模で、高温を要しないため床の勾配はほとんどありません。規模からすれば、椀や皿などの小型のものを焼いていたものと思われます。

湖北町留目《とどめ》遺跡では、室町時代頃の小型の皿を生産していたと思われる遺構が見つかっています。直径一・五mほどの擂り鉢状の穴の中に、灰の層が帯状に残り、小皿（カワラケ）がその中に残っていました。穴の上部構造は不明ですが、粘土で屋根を作り、一部に焚き口を、天井部の中央に煙り出しの煙突を設けていたのでしょう。穴の中に乾かした小皿を置き、藁のように火力があって燃えやすい燃料を入れて焼き上げたものと思われます。京都市の幡枝《はたえだ》でつい最近までカワラケの生産が行われていました。ここでは、地上に円筒状の窯を作り、その中の中段に棚をもうけ、手づくねで作ったカワラケを置き、藁を主燃料にして一気に焼き上げています。奈良・平安時代でも土師器の生産方法には大きな違いはなかったものと思われます。

施釉陶器の生産——灰釉と緑釉陶器

登窯で一一〇〇℃以上の温度で須恵器を焼いたとき、窯の中の灰をかぶってそれが溶け、釉薬《ゆうやく》をかけたような状態になることがあります。自然釉といっていますが、奈良時代になると、装飾と水漏れを防ぐために、土器に釉薬をかけることが行われます。低火度の鉛釉で無色透明の白釉、銅の緑釉《りょくゆう》、鉄の褐色釉を掛け合わせると三彩《さんさい》、あるいは二彩《にさい》ができますが、わが国のものは唐三彩の模倣であり、大和の中央官営工房だけで製作された特殊な土器だったようです。近江でも、大津市の崇福寺跡や南滋賀遺跡、穴太遺跡など寺院や役所関係の遺跡からしか出土していません。およそ奈良時代で姿を消し、二彩のみが平安時代まで生産され、中央官営工房だけではなく、愛知県の猿《さ》投《なげ》窯跡などでも焼かれるようになりますが、やがてそれも生産されなくなります。

一般的に流通する施釉陶器は、銅の緑釉と植物灰の灰釉《かいゆう》の二つです。灰釉陶器は、奈良時代後半頃には生産が開始されます。その釉薬の溶解には一二四〇～一二五〇℃と非常に高い温度が必要です。その温度は、須恵器と異なる長石を含む粘土を用い、その長石を溶かして須恵器より緻密な陶器をつくります。その生産には須恵器以上の高度な技術が必要だったらしく、猿投窯を中心とした限られた地域でのみ生産されていたようです。近江では、平安時代の前期（九世紀）頃まではまだ限られた遺跡からしか出土しませんが、以降には尾張と地理的に近い湖北地方を中心に一般集落からも出土するようになります。

緑釉陶器は、すでに三彩陶や二彩陶の製作でその技術は知られていますが、一般への流通は平安時代に入ってからになります。七五〇℃程度の低温で釉薬が溶けるので、一度土器を焼き上げた後に釉薬をかけ、再び焼成を行って作り上げます。これは、当初、京都で須恵質の土器に釉薬をかけたものが多く作られ、宮都や寺院、役所などを中心に供給されています。平安時代中頃（十世紀）になると愛知県と滋賀県が加わって三大生産地を形成するようになり、一般集落にも広く流通する

日野町作谷遺跡の緑釉陶器焼成窯（日野町教育委員会提供）

ようになります。平安京北部の栗栖野《くるすの》瓦窯では、平安宮内の建物の屋根瓦にも緑釉をかけたものが生産されています。近江では、東近江市の十禅谷・黒丸窯跡、甲賀市の峰道・山の神・春日北窯跡、日野町の作谷《つくりや》窯跡など七カ所が知られています。ほとんど十世紀後半代のもので、土器の胎土や釉薬の色合いのほかに、椀や皿の高台部分に段があり、近江産の特徴をよく持ったものが作られています。調査された作谷窯跡の窯は幅一m、長さ二・三mで、手前に焚き口、奥に煙り出しを持つ小規模なものでした。

　登窯を使って一度で焼成し、大量に生産できる灰釉陶器に比べ、窯の容積が小さく、二度焼きしなければならない緑釉陶器は、広範囲に流通しながらもなお特別なものであったことが窺えます。

黒色土器と山茶碗——日常容器の供給

須恵器の生産が盛んな古墳時代には、土師器は煮沸容器にその主な役割を移し、近江型と呼ばれる特徴的な形を持つ甕などが量産されるようになりました。しかし、奈良時代になると、須恵器生産の中心地であった大阪府の陶邑窯跡群だけでなく、西日本各地で須恵器生産が減少する傾向が見られます。そして、このことと反比例するように再び土師器の生産が活発になり、椀や皿、高杯などが盛んに生産されるようになります。この土師器の生産も、東海地方を中心とした地域では、平安時代の前期から中期にかけての頃に、植物灰を釉薬にした灰釉陶器の生産が盛んになり、平安時代後期に須恵器・灰釉陶器に変わる山茶碗が盛んに生産されるようになると、その器種も皿類に限定され、衰退していきます。近江の湖北地方にあっては、地理的に近いせいもあって、早くから、椀や皿などの小型の器種を中心とした灰釉陶器、そして次に山茶碗の流通の恩恵を受けました。

守山市横江遺跡出土の黒色土器
(滋賀県教育委員会蔵)

一方、畿内を中心とする地域では、奈良時代の終わり頃に、篦《へら》で磨き上げた土師器をいぶし焼きし、器面に炭素を吸着させて漆黒色にした黒色土器、さらに平安時代後期になると、より一層高温で焼き上げ、硬質にした瓦器《がき》と呼んでいるものが量産されるようになります。これは、水の浸透を少なくするための工夫を施した土器で、その生産対象は、椀類を中心に、鍋、釜、甕などの日常用器に及びます。近江では、湖北地方で東海地方産の灰釉陶器、ついで山茶碗が流通するように、湖南の地域ではこの黒色土器が土師器に変わって盛んに使用され、また、近江でも生産されるようになりました。ただ、畿内では、平安時代後期に黒色土器から瓦器に変化していきますが、近江では、瓦器も生産されていた可能性はありますが、現在のところ搬入品が若干量出土するだけで、黒色土器が鎌倉時代に入ってもなお生産されているのです。

土器は、それが主に日常用器であり、また、破損しやすいものであることから、常に大量生産でき、安定して供給できる体制が必要です。そのために高度な技術を持つ専業集団が育成され、豊富で質の高い粘土と大量の燃料が確保できる地域に大規模な窯業生産が展開されてきたのです。これが、後に、信楽焼をはじめとする六古窯と呼ぶ窯業生産の中心地を形成する基となったのです。

瓦の生産

大津宮と寺院と瓦窯跡——寺院と工房

土器は日常的なものであり、不特定多数の人を対象に生産され、流通するものですが、瓦は、古代にあっては宮都や寺院などに関係する特殊な階層の人々の需要に対してのみに生産され、一般に流通する性質のものではありませんでした。特に、七世紀後半以降、宮都に瓦が使用されるようになり、国の仏教政策により各地に寺院が建立されるようになると、瓦に対する需要が増大し、瓦を生産するための窯が多数作られるようになります。瓦の生産技術はかつての日本にはなかったもので、百済の瓦博士《かわらはかせ》などの指導を受け、国内で工人を育成したものと思われます。その工人には、須恵器の生産に当たっていた技術者が多数動員されたであろうことが、瓦の製作に須恵器の技法が取り入れられているものが少なからず出土することから窺うことができます。

宮殿建築物や官寺に対しては、官営の造瓦組織が作られました。中大兄皇子《なかのおおえのおうじ》（天智天皇）が遷都した近江大津宮（六六七〜六七二年）は、現在の大津市錦織《にしごおり》町付近でほぼ間違いないと思われますが、この宮では宮殿建物に瓦が用いられていません。ただ、この遷都にあわせて、宮の西北山中に建立したとされる崇福寺（『扶桑略記《ふそうりゃくき》』）をはじめ、宮の周辺に園城寺《おんじょうじ》前身寺院跡、穴太廃寺跡、南滋賀町廃寺跡などの関連寺院が建立されています。これら寺院の主要伽藍には瓦葺きの建物が建立されま

大津市榿木原遺跡の登窯（滋賀県教育委員会提供）

した。このうち穴太廃寺跡では、東築地塀《ついじべい》のすぐ外側で、登窯と思われる瓦窯跡が一基見つかっています。また、南滋賀町廃寺跡の主要伽藍に用いられた瓦の生産に関連して、廃寺の西築地塀の外側に位置する、大津市榿木原《はんのきはら》遺跡で五基の登窯が見つかっています。ここでは窯跡のほかにその北側で、一八・一五m×六・七mと五・四m×四・五mの二棟の建物と粘土溜や水溜などが見つかっています。建物は作業場（「瓦屋」）で、その内部には瓦を作るための粘土が扁平な石や瓦を敷いた床の上に置かれていました。建物の外側の粘土溜は「ねかせ」の粘土で、水溜も瓦製作に必要な施設です。これらから、それぞれ寺院の建立にあわせてその近くに瓦窯を含む工房を築き、需要をまかなっていたことがわかります。また、榿木原遺跡で見つかった工房跡は、奈良時代の東大寺や平安時代の興福寺などの建立のための工房に関連する記録よりさらにさかのぼって、その実体を具体的に明らかにした遺跡といえます。

登窯と平窯

五世紀の前半頃、朝鮮半島から硬質で吸水性の小さな須恵器の焼成技術が伝わります。焼成に高温を必要とするため、このとき初めて本格的な土器の焼成設備が作られます。登窯と呼ぶ設備で、斜面に傾斜を持ったトンネルを掘る地下式と、天井部分を粘土などで人工的に作る半地下式とがあり、いずれにしても高さの低い方に焚き口、高い方に煙突を設け、上昇気流を利用して高温を得る

大津市長尾遺跡の平窯（滋賀県教育委員会提供）

ことができるものでした。高度な焼成技術に加え、これまでの土師器などの野焼きによる方法に比べて焼成容量が格段に増え、大量の需要に対応することができるようになり、専門の工人、さらにはその集団が形成され、生産に専従していくようになります。この登窯は後に、古墳を飾る埴輪の生産にも用いられるようになり、七世紀に入って寺院の建立が盛んになると、屋根瓦の生産にも用いられます。こうした伝統的な登窯は、現在もなお信楽焼などの陶器の生産に息づいています。

そうした歴史の中で、主に平安時代前期を中心とした頃、瓦生産のために平窯《ひらがま》と呼ぶ新しい構造の設備が導入されます。奈良時代に起源を持ちますが、京都の平安京の造営のための京都市西賀茂瓦窯跡群などが有名です。平窯は、原理は登り窯と同じですが、薪を燃やすための燃焼室と、平坦で燃焼室より一段高く、平面が横長の長方形で、製品を焼成するための焼成室があり、その境を分炎孔を持つ隔壁で明確に区別されている点に大きな違いがあります。また、焼成室には六、七本の並行した畝で、隔壁に開いた分炎孔に通じる溝が作られています。これは、燃焼室の炎を焼成室に均等に分散するための設備で、ロストル構造と呼んでいます。未焼成の瓦はこの溝にまたがるように並べられます。半地下式に作られ、天井部を人工的に作るのですが、燃焼室と焼成室との間に隔壁があって、登窯のように焚き口から入ることができないため、未焼成品を並べた後に天井部を作り、焼成後はその天井部を壊して取り出さなければなりません。しかし、窯詰め、取り出しが容易で、炎が分散されるため焼きむらがなくなるなどの利点があります。

滋賀県では、崇福寺あるいは梵釈寺の瓦を焼いたと考えられている大津市長尾瓦窯跡、南滋賀町廃寺跡と関連する榿木原瓦窯跡、近江国庁跡、堂ノ上遺跡、石山国分遺跡（国分寺跡）などに供給していた南郷田中瓦窯跡などが調査されています。いずれも平安時代の瓦窯跡です。規模は長尾瓦窯跡で全長四・三m、焼成室の大きさが長さ一・三八m、幅二・三五mを計り、他の窯跡もほぼ同じ規模です。西賀茂瓦窯跡などと規模・構造がほぼ同じであり、梵釈寺が桓武天皇の発願であることなどからも、これら平窯と平安京の瓦工人との間には密接な関係があったものと思われます。

玉作りの技術

縄文時代の玉作り

玉《たま》は、普通、穴をあけ、紐を通してつなぎ、首飾りなど人が身に付ける装身具として用いられています。木の実、動物の骨や角、牙、貝など自然の生き物の一部を材料にして加工するものや、金や銀、ガラスなどを材料とする場合などがあります。最も多いのは天然の鉱物で、碧玉《へきぎょく》、緑色凝《ぎょう》灰岩《かいがん》、翡翠《ひすい》、瑪瑙《めのう》、琥珀《こはく》、滑石、水晶などがその主なものです。

縄文時代には、よく自然の生物を材料に用いたものが見られます。貝塚が見つかった大津市粟津湖底遺跡では、胡桃《くるみ》の殻に穴を開けたものやタヌキの牙を使った垂飾りが出土しており、大津市滋賀里遺跡や安土町大中の湖南遺跡などにも、動物の牙を使った玉類があります。玉類ではありませんが、滋賀里遺跡からは動物の骨で作った髪飾りがあり、大津市石山貝塚からは南海産の貝を用いた腕輪が出土しています。胡桃の殻や牙などの玉類は、打製の石錐《いしきり》を用いて穴を開けたものと思われます。石錐には、棒状に加工したものや、持つところを幅広く、菱形にしたものなどがあります。

草津市北萱遺跡出土の石錐
（滋賀県教育委員会蔵）

貝輪は、二枚貝の殻の頂部に穴を開けて環状に残すものと、巻き貝を縦に切るものなどがあります。石山貝塚のものは二枚貝を切ったものです。貝を切る具体的な道具はわかりませんが、石を剥離《はくり》した時にできる剃刀《かみそり》のような刃を用いたのでしょうか。滋賀里遺跡の骨の髪飾りには細かい細工が施されています。

　こうした生物を材料としたもののほかに、守山市赤野井湾遺跡などで出土した石製の玦状《けつじょう》耳飾り、東近江市正楽寺《しょうらくじ》遺跡などの土を焼いた耳栓《じせん》などもあります。玦状耳飾りは、扁平な環状の石製品で、一カ所に穴に達する切れ目が入れらており、ここを使って耳に開けた穴に通してぶら下げたのだろうと考えられています。軟らかい蛇紋岩や滑石《かっせき》（マグネシウムを含む含水珪酸塩鉱物）を使ったものなどがあり、砥石《といし》で磨き、石錐で穴を開け、刃を持った砥石で切れ目を入れたのでしょう。耳栓は、鼓《つづみ》のような形をしており、土製と骨製があります。土製品には漆《うるし》塗りのものがあります。

　縄文時代の装身具には、比較的加工のしやすい骨や貝、自由な形が作れる土製のものが多く、漆も多用され、細かい装飾を施しているものが多く見受けられることを特徴としています。また、単なるアクセサリーとしてだけでなく、社会的地位の差や宗教的な要素も多分にあったのでしょう。

弥生時代の玉作り

弥生時代にも、貝を使った腕輪などの装身具が作られますが、硬玉製の勾玉《まがたま》や小玉《こたま》、碧玉製の管玉《くだたま》などの鉱物を使ったもの、銅やガラスなどを人工的に加工したものなどを多用していることに大きな特徴があります。勾玉や小玉は縄文時代にもありますが、碧玉を使った管玉は弥生時代に入ってから製作され始めたものです。

玉の製作には、原石を「荒割り」し、それをさらに玉の形状に合わせて「形割り」し、そしてさらに形状に近づけるため形割りしたものの側面を削り落としていく「側面打裂」を行います。これを研いで磨き、紐を通す穴を開け、「仕上げる」という行程を経ます。そのための道具も発達します。道具には、荒割りや形割り用のハンマー、研磨のための各種の砥石、穴を開けるための錐などが必要です。ハンマーには大小の石斧が用いられたのでしょう。砥石には、玉の外面を磨くため、直線的な筋状の窪みが幾状か見られる筋砥石、仕上げなどに使う平砥石、大型の勾玉などを磨く窪み砥石、勾玉の湾曲した内側を磨く細い板状の内磨き砥石など、製作の工程に応じた各種のものがあり、玉砥石《たまといし》と呼んでいます。錐は石製で、草津市烏丸崎《からすまざき》遺跡などから、太さ一㎜ほどの非常に細いものが出土しています。今の錐のように棒にさし、手で回転させて管玉などの穴を開けたものと

野洲市市三宅遺跡出土の玉砥石、石鋸など
(野洲市教育委員会提供)

思われます。

弥生時代の玉作りは、例えば滋賀県内でも、集落遺跡を発掘調査すれば、その多くから玉砥石などの玉作り関係の道具が出土し、原石や剥離された石片、製作途中の未製品なども伴出することがあります。原石はその産出地から確保しなければなりませんが、製品の多くは、大きな規模の集落では、自給的にまかなわれ、また、周辺に供給されていたものと考えられます。

銅製の腕輪やガラス製の勾玉、小玉などは、鋳型を用いて成形されます。その鋳銅関係の遺構やガラス製品の製作工房が、福岡県春日市など北部九州を中心に見つかっています。県内では、ガラス製の小玉などは見つかっていますが、その生産遺跡はまだ見つかっていません。ガラス製の玉で作った首飾りが、余呉町長山遺跡などの方形周溝墓の被葬者にかけられた状態で見つかるなど、特別な階層の人たちだけのものであったらしく、あるいは、九州でなくても、遠方からの搬入品であるかもしれません。

古墳時代の玉作り

古墳時代の玉類の材料の主要なものは、碧玉、翡翠、緑色凝灰岩、琥珀、瑪瑙、滑石、水晶などで、色々な鉱物系の材料が最もよく使われた時代です。出雲地方の碧玉、瑪瑙、紀伊の滑石、北陸地方の緑色凝灰岩、越後の翡翠、千葉・岩手県の琥珀といった風に、これらの原石の産出地は限られており、それぞれの地域の特産として、製品、また、原石そのものが供給されてきたのです。玉類は、単に装身具としてだけではなく、古墳の副葬品や祭祀の中でも重要な役割を持っています。従って、各地の玉生産の消長は、畿内の王権の政策と大きな関わりを持って推移してきました。

前期には、北陸地方から、緑色凝灰岩製の石釧《いしくしろ》などの石製腕飾類、管玉、出雲から碧玉製の管玉、勾玉などが盛んに畿内の王たちに供給されます。中期になると、越後の翡翠製品、出雲の瑪瑙製品なども加わりますが、この頃、滑石製品を中心に、各地から原石を集め、工房を作り、工人を集めて畿内政権独自で玉生産に乗り出すようになります。また、その生産工房も各地に作られるようになります。また同じ頃、畿内を中心に、各地で滑石製の玉類をはじめとした各器物の模造品が、古墳や祭祀遺跡、集落からも出土するようになり、滑石製模造品を用いた国の祭祀の形が定着し、普及していったと考えられます。このことが、滑石製模造品に対する需要を高め、それぞれの王たちに自給的に生産を開始する方向へ向かわせたのでしょう。

滋賀県では、古墳時代前期の終わりから中期の滑石製品を中心とする生産遺跡が、野洲市や栗東市、守山市など野洲川の流域に集中して見つかっています。なお、栗東市辻遺跡では早い段階で碧玉（緑色凝灰岩か）製の石釧や管玉の製作が行われており、一部には野洲市や栗東市などの前期古墳の副葬品の生産を行っていた可能性があります。

古墳時代の玉作りは、後期には入って滑石製の模造品が姿を消し、代わって金属製品が珍重されるようになります。この頃を境に畿内での生産が停止され、北陸地方でも生産されなくなります。ただ、出雲地方のみが碧玉と瑪瑙製品の生産を拡大し、奈良時代にもなお少ないながら玉作りを続けています。しかし、もはや、玉作りと王権の推移とは密接な関係を持たなくなっています。

鍛冶の技術

弥生時代の鍛冶

弥生時代に、すでにわが国に鉄が伝わっていたことはよく知られているところです。最近は、縄文時代にさかのぼるのではないかとされています。弥生時代の鉄製品には、刀子《とうす》、鉄斧、鉇《やりがんな》、手斧《ちょうな》などの工具類、鉄鎌などの農具類を中心に、鉄鏃、鉄剣、鉄刀、鉄戈《か》などの武器類が知られ、特に、後期になると工具類や鉄鏃を中心に広く行きわたるようになります。これらの鉄製品には大陸から直接もたらされたもののほかに、鉄素材を大陸から取り入れ、製品化されたものがあると考えられます。その鉄素材については、幾つかの製品とともにすべて大陸からもたらされたとする考えと、製品の出土量の多さから、すでにわが国でも生産されていたのではないかとする考えとがあります。わが国での生産については、砂鉄や鉄鉱石から金属部分だけを取り出すための製鉄炉が見つかっていないため、まだ結論はでていません。

ともかく、鉄の素材から製品を作りだすためには、鍛冶の技術が必要です。鍛冶の技術には、製鉄炉で鉱石を溶かして作った不純物の多い銑鉄《せんてつ》からさらに純度の高い鉄を作る「大鍛冶《おおかじ》」、鉄素材である地金を打ち叩いて製品を作ったり、破損した製品を修復する「小鍛冶《こかじ》」の工程があります。弥生時代の鍛冶工房については、九州から近畿地方にかけての地域での幾つかの調査例から、中期後半頃には出現しているようです。

しかし、これまでの調査例では、どちらの工房であったか明確ではなく、鍛冶道具についてもあまり明らかになっていません。いずれにしても、ともに、鍛冶炉などの設備、金鉗《かなばさみ》、金槌《かなづち》、鏨《のみ》、鉄砧《かなとこ》などの道具が必要なのは古墳時代とかわらなかったと思われます。

近江においても、後期に属する遺跡を中心に、刀子や鉇《やりがんな》、鉄鏃などの鉄製品が多数出土しています。また、古墳時代以降には、六〇カ所に近い製鉄関連遺跡が知られているように、有数の鉄の生産地として重要な位置を占めるようになります。弥生時代にさかのぼる鍛冶工房についても、近い将来、明らかになっていくものと思います。

古墳時代の鍛冶

わが国の古墳時代の鍛冶遺跡の確実なものは五世紀前半にまでさかのぼらせることができます。この頃、畿内や岡山県など大型古墳が分布する地域、大陸に近い福岡県などを中心に、金鉗、金槌、鏨、鉄砧などの鍛冶道具が古墳の副葬品として出土します。また、その分布と重なって鍛冶遺跡が検出されています。鍛冶遺跡からは韓式系須恵器や初期須恵器が出土しており、鉄素材の入手や技術者の掌握に強力な力が働いていたことを示すとともに、入手ルートや技術者の出自をも示唆してくれています。六世紀以降には、鍛冶工人の専業化が進み、畿内政権による一元的な支配体制が進むとともに、鍛冶技術が広く各集落にまで行き渡るようになります。

近江では、これまで知られている製鉄関連遺跡の数は五九カ所を数えています。こうした遺跡の特定は、付近に散布する鉄滓《てっさい》の採集によるものですが、これらには、鉱石から金属部分だけを取り出す製鉄の時のものだけではなく、より純度の高い鉄に仕上げる大鍛冶や製品を作り出す小鍛冶の工程の際に生じたものも含まれている可能性があります。その区別は鉄滓の科学的な分析を待たねばなりませんが、これまでの遺跡の調査で確実な鍛冶遺構が検出されたのは、七世紀末頃の木瓜原遺跡です。ここでは、製鉄から大鍛冶、小鍛冶までのすべての工程を同じ場所で行っていたことが明らかになっており、官営の製鉄コンビナートの全容を知ることができました。

新しくなりますが、奈良時代前半の高月町井口遺跡では、住居域から少し離れた所で、長径一mほどの楕円形の浅い土坑が数基見つかっています。付近から多数の鉄滓が出土しており、いずれの土坑も火を受けていることから、鍛冶炉ではないかと考えています。住居地域から離れ、独立した場所に立地しているところから、専業の鍛冶工人たちの工房域であったと思われます。

余呉町桜内遺跡では、古墳時代中期後半の住居跡が見つかり、その周辺から多数の鉄滓が出土しています。集落内に鍛冶工房があったものと思われますが、関連する明確な遺構が見つかっておらず、この段階では、操業の専業化が未発達であったのかもしれません。

古墳時代後期以降には近江でも、鍛冶炉の送風装置に使う鞴の羽口《はぐち》などが出土する集落跡が増加します。少なくとも小鍛冶は、それぞれの集落の中に専業的な集団が生まれ、農具などの需要に対応していたものと思われます。なお、最近彦根市芝原遺跡で、四世紀末頃の鍛冶工房かとされる竪穴住居が見つかっています。

塩作りの技術

塩は、人間の食生活に欠かすことのできないものといえます。塩の作り方は、まず、海水を汲み上げます。次に、この海水を濃縮する（彩鹹《さいかん》）のですが、『万葉集』などに「藻塩《もしお》焼く」、「藻塩垂る」などの表現が見られることから、乾燥させた海藻に海水をかけて濃縮する方法があったものと推察されます。この濃縮した海水を土器に入れ、煮詰められる（煎熬《せんごう》）と結晶になった塩ができあがります。煎熬でできた塩は水分で溶解しやすいので、もう一度焼いて固形にします（焼き塩）。この時にも土器が用いられます。こうした方法を土器製塩と呼び、このとき用いられる土器を製塩土器といっています。この土器製塩法は弥生時代以来の伝統的なもので、製塩土器の形や煎熬のための製塩炉などの設備、製塩場所などに時代とともに変化が見られます。

弥生時代から古墳時代初頭頃には、備讃瀬戸《びさんせと》や大阪湾沿岸の和泉から紀北あたりに限られていた製塩遺跡が、古墳時代前期から中期にかけての頃には、北部九州、西部瀬戸内海、伊勢湾北部、若狭から能登の地域へと拡大していきます。これら製塩遺跡の近くには古墳の分布することがあります。生産を管理し、地域に分配することで権益の掌握のあったことがわかります。中期後半以降になると畿内の政権の関与が一層強くなり、五世紀には大阪湾岸、六世紀には備讃瀬戸、七〜八世紀には若狭湾岸と大規模な製塩場所が限定されて設置されていきます。また、周辺に農耕に適した平野の広がる海浜に立地する遺跡が少なくなり、居住空間のない小さな浜や島などにも立地するようになります。量産の体制とともに、半農から専業による生産体制が取られるようになったためと考えられています。

こうした生産地に対して、消費地の一つである近江では、広大な琵琶湖を抱えていてますが淡水湖であるため、当然製塩遺跡は存在しません。ところが、五世紀以降八世紀頃までの製塩土器が県内から多数出土しているのです。これまで三三遺跡からの出土が報じられています。製塩土器は器壁が非常に薄く、ほとんど小さな破片となって出土するため、これまでも見過ごされてきた可能性があり、詳細に見ればもっと出土箇所が増えるものと思われます。出土遺跡は当然住居跡など集落遺跡が大半で、大阪湾岸や若狭湾岸で生産されたものが、消費地である近江に運ばれてきたのです。運ばれてきた塩が煎熬の状態、あるいは、焼き塩の状態であったのか明らかではありませんが、いずれにしても製塩土器に入った状態で運搬されてきたのです。

製塩土器は八世紀を最後に出土しなくなります。このことは、生産地で焼き塩までのすべての工程を一貫して行い、俵を用いるなど、塩の運搬方法が別の手段にかわったことを示しています。

輸送・平野の開発

陸運と水運

運搬具と馬

背負い子・天秤棒——人が運ぶ

人が物を移動させる場合、道具を使わず、人力だけを使うのが最も簡単な方法でしょう。手で持つ、背負う、抱える、頭に乗せる、腰にぶら下げる、肩に掛けるなどは地面から浮かして移動させる方法です。重量があったり、大きい物などでは、地面に置いたまま押したり、引いたりする方法も考えられます。人物埴輪には、頭に壺を乗せている人、腰に鎌や剣などを差している人、子どもを背負う人、壺を捧げ持つ人、盾を持つ人、太鼓を肩からかけて叩く人など、さまざまなものをさまざまな方法で持ち運んでいるようすが見られます。

人は、もっと楽にものを移動させるために、簡単な道具を使うようになります。天秤棒《てんびんぼう》は両側に同じような重さのものをかけて担うもので、荷物の重さを分散することができます。天秤棒をかついで行商に出かけた近江商人の姿が思い浮かびますが、身にくくりつけたりするより移動しやすくなります。民具には釘や楔《くさび》を打ち込み、切り込みを入れるなどして紐かけとしたもの、先を尖らして荷物に直接突き刺すもの、加工しないものなどがあります。考古資料としては、特定しにくいのですが、適当な長さと太さがあり、両端に切り込みのあるものなどは天秤棒の可能性のあるものとすることができるでしょう。

棒の真ん中に荷物をぶら下げ、両端を人がかつぐ方法もあります。時代劇などの土木工事などで、棒に通したモッコに土砂を入れ、二人でかついで搬出しているシーンをよく見かけます。この時に使った棒を特定することも難しい作業ですが、重量のあるものを二人で運ぶ方法として古くからあったと考えられます。丈夫な棒状品の中にはこうした用途のものもあったと考えていいと思います。

背負い子《しょいこ》もほとんど人力に頼る運搬具の一つです。民具には、角材を長方形に組み、横桟《よこさん》を渡して梯子《はしご》状にするものと、荷受けのための爪木を取り付けるものとがあります。自在鉤《じざいかぎ》状に枝分かれした一本の加工木の幹を枠木、枝を爪木とした背負い子ではないかとする考古資料があります。完全に組み合わすことができれば特定することは可能です。

しかし、天秤棒や背負い子は道具といっても、ともに人力輸送の補助的な道具にすぎません。

長距離や長時間の移動、重量のあるものや量の多いもの、大型のものなどの運搬には効率の悪いものとなります。

修羅・木馬・橇――運搬具を使う

一人の力に頼る背負い子や天秤棒では、重量や規模、道の条件などに自ずと限界が生じます。巨大古墳に納められた石棺や山で伐採した材木、雪道や泥湿地での運搬などには、修羅《しゅら》、木馬《きんま》、橇《そり》などの道具が使われます。修羅は、大阪府藤井寺市の三ツ塚古墳の周濠から、全長八・八mもの巨大な修羅がほぼ完全な状態で出土したことで非常に話題になりました。修羅は、重量のある巨石や巨木を運搬するために用いられる道具で、古墳時代には、石棺や横穴式石室の石材、木棺材、建築部材などの運搬におおいに利用されたものと考えられます。たとえば、畿内の巨大古墳に納められた石棺には、九州の阿蘇の溶結凝灰岩、四国産の凝灰岩、兵庫県の竜山石など、遠方から搬入されたものが数多く見つかっています。近江でも、野洲市大岩山古墳群中の甲山《かぶとやま》古墳に阿蘇産の石材を用いた家形石棺が納められています。石切場で製作した石棺を、下にコロをかませた修羅に乗せ、修羅の先端を貫通させた穴に綱を通し、大勢の人の力で牽引し、そのまま大型船に乗せ、遠く近江の地にまで運び入れたものと考えられます。修羅は、室町時代の京都市の鹿苑寺《ろくおんじ》金閣寺の庭園からも出土しており、後世にも建築や庭園の資材の運搬に使われていたことが知れます。

また、近年の民俗事例の木馬と呼ばれるものの中には、修羅のような自然の二股の木を使ったものが見られ、山で伐採した材木の運搬に使われています。木馬には枠木に横桟を通した形のものもあります。民俗例からは、山で伐採した材木を一定の長さに切り分けて木馬に乗せ、人力や馬に引かせて山道を下るようすがよく見られます。七世紀末の藤原宮の造営に、近江で伐採した材木が大量に送り込まれたことが知られていますが、この時にも木馬が大いに活躍したものと思われます。

橇は修羅や木馬とは違い、雪や氷の上、泥湿地、また、急な傾斜面で使われます。形態的には、枠木に反りがあるかないか、また、接地面がスキーの板の様になっているかどうかの違いで木馬と区別できます。また、重量物の運搬には不向きであろうと思われます。

これらの道具は、現在なお使用されていることからもわかるように、確かに、大型で重量のあるものや、湿地などの道路条件の悪いところで威力を発揮します。しかし、いずれにしても大量の人力あるいは畜力を必要とし、また、非常に時間のかかる手段といえるでしょう。

駄馬——畜力の利用

北陸道沿いの諸国から琵琶湖の水運を利用する場合も、陸路を経なければなりません。平安時代の『延喜式』にある材木輸送の際の積載量などを示す規定に、人力や筏《いかだ》で運ぶ場合の他、荷車で運搬する場合いについて書かれています。この頃には荷車が盛んに使われていたことがわかります。

しかし、実物資料が知られておらず、荷車が未発達だったと見られる古墳時代には、陸上での輸送手段は、ほとんど人力に頼らざるを得なかったと思われます。そうした中で、駄馬《だば》の利用は極めて有効だったと思われます。馬を乗りこなすには鞍《くら》なども必要ですが、荷物を運搬する駄馬では、轡《くつわ》があれば十分です。わが国にこうした馬具がもたらされたのは四世紀末頃で、大陸に近い九州、次いで間もなく近畿地方にも伝わっています。九州に伝わった馬具は、轡など最低限必要なものが中心でした。しかし、近畿地方では、栗東市新開一号墳に見られるように、馬具一式の他、金銅張りの轡や帯の留め金具など装飾性の極めて高いものが含まれています。馬具が伝わった初期の頃の馬は、王たちが威儀を示すための儀礼での乗馬などに用いられ、駄馬としての利用・普及はなかったと見られます。

乗馬の普及に伴い、国内でも馬具の生産が始まります。馬具の出土量が増加するのは六世紀に入ってからです。『日本書紀』や『古事記』の乗馬に関する記事も、倭の五王の最後、雄略天皇以降に非常に多く見られるようになります。この頃には、板状の鏡板《かがみいた》が付く轡、杏葉《ぎょうよう》など装飾性の非常に高いものが出土する一方、東近江市小八木古墳の出土例のような鏡板が素環になった実用性の高い轡の生産も盛んになります。また、首長クラスだけではなく、いわゆる群集墳からも轡などの必要最低限のものが出土するようになります。六世紀後半以降には、東日本での出土例が目立つようになり、最近では、古墳時代にさかのぼる馬を飼う場所に関する遺構も見つかるようになりました。馬の遺骸は、奈良時代に入って急激に出土の割合が増えるとされています。

このように、馬の利用は、古墳時代の六世紀から七世紀にかけて普及し、八世紀には一般的になったと思われます。駄馬としての利用を証明することは難しいのですが、六世紀以降の普及状況から考えれば、各地の生産物の陸送などにも早くから大いに用いられていた可能性が高いと思います。

筏と丸木船

筏――丸太を並べる

陸上輸送で用いる天秤棒や背負い子などは、あくまで補助道具にすぎず、また、修羅や木馬では長距離の運搬は困難です。古墳時代以前の陸上での物の輸送には、自ずと搬送する量・速度に限界があったのです。まして人の搬送は、車の実物資料が発見されておらず、すべて徒歩によるものだったのです。騎馬の風習や駄馬の利用が古墳時代後期以降に発達しますが、極めて限られた階層の人々が利用するもので、輸送手段として一般化するためにはもう少し時間が必要だったのです。

このように、輸送道具の発達がほとんど見られなかった陸上輸送に対し、海や湖、河川など水上を航行する船の発達には目を見張るものがあります。もっとも初現的なものは、浮力の大きい木そのものを浮かべ、またがるなどして移動する方法です。木一本では不安定ですが、数本を並べ、それぞれを蔓《つる》などで縛りつければ安定します。つまり筏《いかだ》で、今でも山で切り出した材木を筏にして川

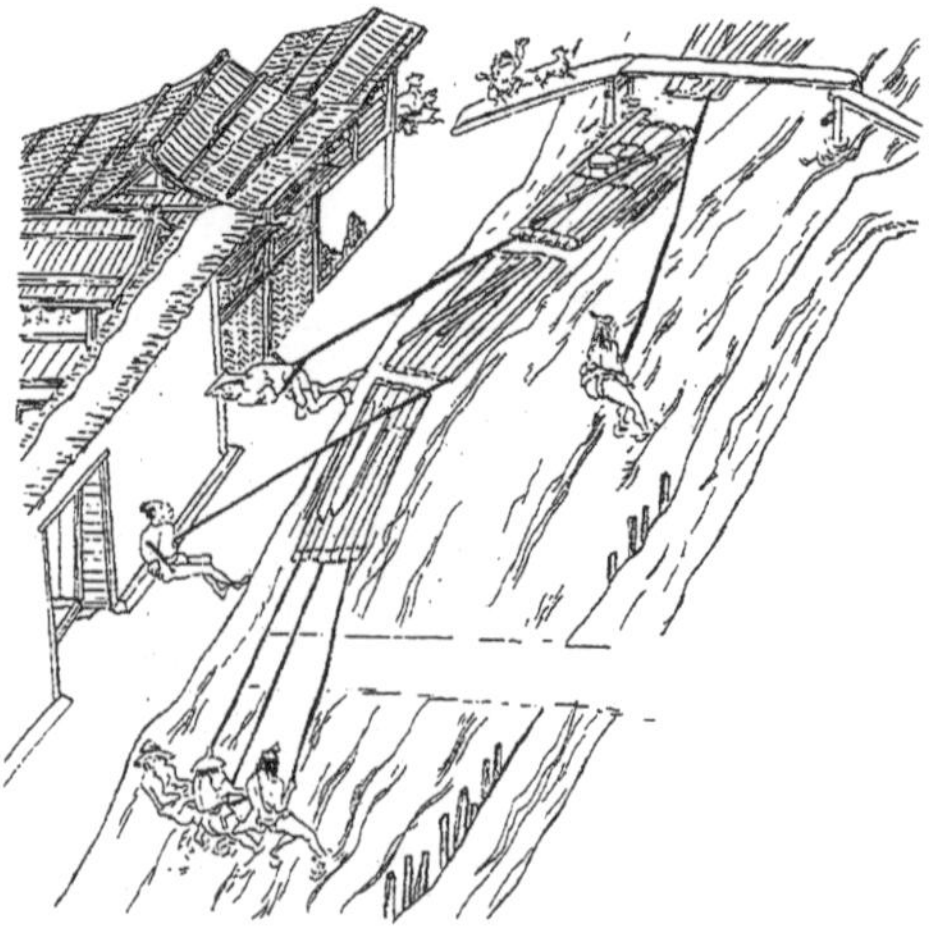

筏を引く人たち（『一遍聖絵』から）

を下り、港などの木場に輸送することが行われています。最近では、観光用に人を乗せて川下りを行う所もあります。

平安時代の『延喜式』の木工寮には、筏一基に対する荷別の積載量が決められています。これによると、杉板や角材の輸送に、荷車を使う場合に比べて三倍の量を運ぶことができ、しかも運賃は車載より安いことがわかります。八世紀に編纂された『出雲風土記』の出雲郷の中の川の記事には、旧暦の睦月《むつき》から弥生の間、斐伊川《ひいがわ》下流の川沿いに住んでいる人々が「材木を校《あざな》へる船」、すなわち筏で川を上り下りしていることが書かれています。さらにさかのぼって、七世紀末頃の藤原宮の造営には、近江で伐採した材木を木津川で筏送りし、木津にまで運んだことが知られています。

筏は、木材を結束するだけのもので、考古資料としては特定しにくいものです。さらにさかのぼる事例が見つかっていませんが、例えば、六世紀中頃の野洲市甲山古墳には、九州から運び込まれた阿蘇の溶結凝灰岩製の家形石棺が納められています。このような重量のあるものを搬入するには、陸路を使って修羅などで輸送するより、水の浮力を利用して、瀬戸内海を経由し、淀川、宇治川、瀬田川、琵琶湖、そして野洲川から陸揚げする水上輸送が効果的だと考えられます。瀬戸内海では大型船の航行も可能ですが、河川では、狭隘《きょうあい》な渓流もあり、大型船の航行が困難な場所があります。こうした時、筏は、輸送手段として、極めて有効だったと考えられます。石棺、あるいはその原材料を筏に積み替え、大勢の人で牽引《けんいん》して川をさかのぼっていったようすが想像できます。筏は、古来より、河川での運輸には極めて重要な手段だったと考えられるのです。

丸木舟——丸太を刳り抜く

丸木舟は、丸太材を半裁し、その内側を刳《く》り抜いただけの最も簡単な加工船です。しかし、筏が、木材自身の持つ浮力を利用したものであるのにたいし、木の内側を刳り抜くだけで、よりいっそう大きな浮力を得ることができるようになったのです。

丸木舟の発明は非常に早く、わが国でも縄文時代の早い段階の遺跡からすでに出土しています。琵琶湖でも、湖北町尾上浜《おのえはま》遺跡、米原市入江内湖遺跡、彦根市松原内湖遺跡、近江八幡市長命寺遺跡など多くの縄文時代の遺跡からの出土例が知られています。その後の弥生時代や古墳時代の丸木舟の発見例は、縄文時代に比べて少ないのですが、主に古墳時代に祭りの道具として作られる舟形

彦根市松原内湖遺跡出土の縄文時代の丸木舟とその未製品（滋賀県教育委員会提供）

代のほとんどは、丸木舟を模しているように見受けられます。また、鎌倉時代の琵琶湖やその周辺を描いた『石山寺縁起《えんぎ》』の絵巻には、丸太を刳り抜いて加工しただけの丸木舟と思われる舟がよく描かれています。舟から四《よ》つ手網《であみ》を下ろしたり、魚を捕獲するために簗《やな》に乗り付けたり、人を運んだりしているようすが鮮やかに描かれています。琵琶湖では、鎌倉時代になってもなお、沿岸での漁業や軽量なものの運搬、近い場所への人の移動など、日常的な活動に盛んに使われていたことがわかります。

丸木舟は、秋田県男鹿《おが》半島では昭和の前期まで磯舟として使われていたといわれています。また、鹿児島県種子島の中種子町《なかたねちょう》立歴史民俗資料館では、近年まで使われていた丸木舟の実物や加工技術について展示・解説がなされています。このように、船が、準構造船、構造船と発達していく一方で、丸木舟は、加工が容易なうえ堅牢で、軽くて持ち運びが簡単にでき、浅瀬や狭い水路でも漕ぎ入れられ、細かい動きができることなどから、昭和の時代まで重宝されていたのです。

櫂と櫓――船の推進力

丸木舟に、船底断面が原木の形状に合わせて円弧状になるものが多いという共通点はありますが、平面や立面には幾つかの種類があります。大きくは、船首と船尾が同じ形をしていて区別のつけ難いものと明確に区別できるものとに分けることができます。船首・船尾同形のものは、さらに、両側が先細りになって、鰹節のような形になるものと直線的になるものとがあります。

直線的なものでは、両端を単純に切り落とした形のものが最も初歩的なものといわれていますが、あまり実物は知られていません。また、船底を削り上げて船首・船尾の先端を船底より高くしたものがあります。これは鰹節形より進んだ技術により製作されたものと思われます。しかし、これもあまり実物を見かけません。

鰹節形のものは、すでに縄文時代から使われており、この形状のものが、遅くとも、古墳時代頃までのごく一般的な形だったようです。弥生時代以降、祭祀に船の形代《かたしろ》が用いられますが、弥生・古墳時代のものの大半はこれを模したものです。一方、船首と船尾を区別するものは、古墳時代頃までの実物はもちろん、船形代の中でもほとんど見かけません。形代では奈良・平安時代のものにわずか、鎌倉時代から室町時代頃のものでは普遍的に見られるようになります。鎌倉時代の『石山寺縁起』などに描かれている丸木船はいずれもこの形です。船尾を直線的にするのは、櫓《ろ》の使用と関係していると考えられます。櫂《かい》は、舷側で水をかいて船を進めます。前後の区別なく推進させることができ、比較的小回りが利くため、琵琶湖に限らず、波の少ない潟、池、河川、あるいは、沿岸なら海などでも日常的に使われていたものと考えられます。これに対し櫓は、水流をつくって推進させる方法で、力学的にも非常に効率のよい方法だとされています。主に船尾で操作されるため、船尾が曲線的だと取り付けにくく、また、船尾を低く、船首を高くして、水押しがより効果的になるようにするためには、船尾を直線的にする必要があったのでしょう。

なお、福岡県の鳥船塚《とりふねづか》古墳や珍敷塚《めずらしづか》古墳などの装飾古墳の船首と船尾が同じ形のゴンドラ風の船の絵画には、すでに長い櫓を操る水夫の姿が描かれています。従って、櫓は、遅くとも古墳時代後期には使用されるようになり、その後の小型船の操船法の主流を占めるようになったものと考えられます。

準構造船

丸木舟から準構造船へ——船の大型化

丸木舟は、製作が簡単なうえ丈夫で長持ちするため、ごく最近まで重宝されていました。しかし、そのサイズは原木の大きさに左右され、一定の限界があります。サイズを大きくするためには、二隻以上の丸木舟を前後に繋いで全長を長くするか、左右に繋いで船体の幅を広くする方法が考えられます。こうしたものは、複材丸木舟と呼ばれています。大阪市鯰江川《なまずえがわ》出土のものなどが、前後に繋いだ古墳時代の実物例とされていますが、これ以外の出土例は知られていません。一層の大型化を図るためには、多数の板材を継ぎ足して船の舷側や船底部分を拡大していく必要があります。この方法で造られた船は構造船と呼ばれています。ただし、この方法は、わが国では近世以降の比較的新しい造船技術で、中世の絵画資料にもあまり見ることはできません。古代や中世では、板の接合は高度な技術だったらしいのです。そこで、水が入ってくるのを防ぐ方法として、常に水中にある船底部分にだけ丸木舟を使った構造のものが盛んに造られました。丸木舟の上に波除けとなる竪板と舷側板を組み合わせて造る方法で、丸木舟と構造船の中間形態ということで、準構造船と呼ばれています。竪板と舷側板で造る木枠を乗せたような形だったといっていいでしょう。また、丸木舟の船底から、竪板が枝分かれしたように立ち上がるため、船体を側面から見れば、船首と船尾が二股に分かれたように見ます。この準構造船の部材が、弥生時代後期の和歌山県笠島《かさじま》遺跡などから出土しています。大阪府八尾市久宝寺《きゅうほうじ》遺跡からは、古墳時代前期の船首か船尾のどちらかに相当する丸木舟を刳り抜いた船底部、舷側板、馬蹄形の竪板が見つかり、全長一二mの船体に復元されています。弥生時代からこうした大型船が瀬戸内海や太平洋を航行していたことが窺えます。

琵琶湖では、守山市下長遺跡や米原市入江内湖遺跡などで、古墳時代初期の準構造船の部材と思われるものが出土しています。また、準構造船を模したと考えられる舟形代が、東近江市斗西《とのにし》遺跡や入江内湖遺跡といった弥生時代末から古墳時代初期頃の遺跡から出土しています。全国で五十数例が確認されている古墳時代の舟形代の中で、こうした形態のものは、近江の二例以外では、わずかに日本海に面した京都府峰山町で一例が知られているにすぎません。琵琶湖の水運が、北陸・東海方面と畿内を結ぶ重要な交通・運輸手段として、古来より極めて重要な位置を占めていたことから、いち早い造船技術の発達があったものと考えられます。

船形埴輪——準構造船

近年、栗東市新開四号墳から出土した五世紀の船形埴輪が復元され、新聞やテレビで報道されて注目を浴びました。その埴輪は、準構造船を模したと考えられ、復元により船の構造が明確化した点で貴重な資料といえます。弥生・古墳時代の舟形代など船に関する県内での出土例は比較的豊富

栗東市新開４号墳出土の船形埴輪（栗東市歴史民俗博物館蔵）

ですが、船の構造のわかるものがほとんどなく、わずかに船形代に準構造船らしいものが見受けられたのにすぎませんでした。また、全国的にも準構造船の実物資料はわずかで、しかも断片的なものが多いのが現状です。その中で大阪府八尾市久宝寺遺跡から出土した船首か船尾のどちらかにあたる部分は、その構造が知れる画期的な発見でした。そしてその復元には、大阪府和泉市菩提池西《ぼだいいけにし》三号墳出土の船形埴輪が参考にされているのです。このように、船形埴輪は、実物を最も忠実に模倣しており、特に、実物資料の少ない古墳時代の船の構造を知るためには、欠かすことのできない資料なのです。

　船形埴輪は、これまでに二〇例ほど出土していますが、ほとんどが五世紀代の限られた時期に製作されています。しかも、このうちの大半が畿内の中枢部にあたる大和と河内という極めて限定された地域で見つかっているのです。また、出土した古墳を見ると、前方後円墳はなく、大和・河内の大王墓に従属する比較的小型の円墳か方墳に限られています。五世紀という時期は、倭の五王に象徴されるように、活発に大陸との交渉を進めた時代です。交渉のためには、瀬戸内海を通り、北部九州から日本海を横断しなければなりません。従って、造船と航海術に長けた人々の掌握が、大王にとって極めて重要な課題だったと考えられます。こうした時代背景から、船形埴輪が出土した古墳の被葬者は、水運を担当していた集団の長だったのではないでしょうか。大和・河内以外から船形埴輪が出土した古墳についても、内陸に位置する栃木県鶏塚《にわとりづか》古墳は例外として、日向灘に面した宮崎県西都原《さいとばる》一六九号墳、日本海に面した京都府弥栄町ニゴレ古墳、そして、前方に琵琶湖が開ける新開四号墳と、いずれも水運との深い関わりが窺えるのです。特に、新開四号墳からの発見は、琵琶湖の水運が、畿内の大王たちにとっても極めて重要だったことを証明する事例といえます。

準構造船の復元——船形埴輪の実大復元

かつて、湖北町尾上浜遺跡から出土した縄文時代の丸木舟を忠実に模したものを杉材で作り、尾上浜から竹生島《ちくぶしま》まで約五kmの琵琶湖上を実験航海したことがあります。乗り込んだ二人で櫂を漕ぎ、時速約四kmのスピードが出ました。大人が三人まで乗り込めるスペースがありましたが、乗船に伴い水中に沈む船体の頃合いを考えると、二人が限度でした。幸い、風がなく水面は穏やかでしたので、比較的安定した航海ができました。ただ、波を受けた場合、気がかりな点があることもわかりました。途中でモーターボートが近づいてきて少し大きな波が立つと、安定性を欠いてしまうのです。それでは、準構造船には、どれぐらいの航海能力があったのでしょうか。

大阪府八尾市久宝寺遺跡から出土した実物資料は、同じ大阪府の和泉市菩提池西三号墳で発見された船形埴輪を参考に、全長一二mに復元されています。船首と船尾が同じ形で、丸木舟の上にもう一つの船体を乗せたような形態です。船首、船尾部分を区画する隔壁も設けられています。また、大阪市高廻り《たかまわ》二号墳で出土した船形埴輪から復元した実物大の船で、大阪市天保山《てんぽうざん》から韓国の釜山《ぷさん》に向けて実験航海が行われています。船は全長一二m、重量七・四t、四組のオールがセットされました。埴輪では上部の構造が大きすぎて重心が高くなるため、少し上部を小さくしています。八人で漕いで、早さは約二ノット（時速約三・七㎞）だったようです。

全国で約二〇の発見例のある船形埴輪は、構造的に二つのタイプに分けられます。一つは、菩提池西三号墳の埴輪のように、丸木舟の上に竪板と舷側板を組み合わせ、船首と船尾が二股に分かれる二体成形船、もう一つは、竪板がはずされ、船首と船尾の上方を開放させる形の一体成形船です。復元力や積載量などから一体成形船の方がより進んだ構造といえ、時期的にも新しい古墳から出土しています。大きさについては、櫂の支点となるピポットの数から類推すると、二体成形船は四、

五、六対、一体成形船は六、七対と、後者の方が大型だったと見られます。栗東市新開四号墳で見つかった船形埴輪は、七対と最も多い部類で、この数から全長一五m前後の規模だったと推察されます。船の船底に用いる丸木舟が単体であれば、原木の大きさからしてこの程度のものが限界だったと思われます。また、『日本書紀』には、準構造船と見られる船を池に浮かべて遊んでいる記述が見られます。小さな船にも準構造船があったことが窺えます。

琵琶湖の水運

奈良時代の『万葉集』に窺えるように、古来、琵琶湖には数多くの津や湊が発達し、それぞれを結ぶいくつもの航路が発達していたと考えられます。また、大津市膳所《ぜぜ》茶臼山古墳、大津市和邇《わに》大塚山古墳、安土町瓢箪山古墳、彦根市荒神山《こうじんやま》古墳、湖北町若宮山《わかみややま》古墳など、古墳時代前期の前方後円墳はいずれも琵琶湖を臨む地にあります。このことからも琵琶湖の水運の重要性がわかり、津や湊を中心とした地域の発達も推し量れます。

平安時代の『延喜式』には、諸国から京へ物資を運ぶ際の運賃を定めた項があります。そこから、若狭国からの物資は、陸路で勝野津《かつのつ》（高島市勝野）に、勝野津からは琵琶湖の湖上航路で大津に、そして再び陸路で京に運び込まれたことが窺えます。越前国の物資は、敦賀津《つるがつ》（福井県敦賀市）まで海路（日本海航路）、敦賀津からは陸路で塩津へ、塩津から大津までは船便でした。加賀・能登・越中・越後・佐渡国など、他の北陸方面の物資も敦賀津に集積され、塩津から琵琶湖の水運を利用して京に運ばれています。日本海地域とは敦賀津と塩津、若狭と勝野津で結びついていたことがわかります。

古墳時代には、湖北の木之本町から余呉町を経て、現在の国道三六五号線を通り、越前国の中枢である福井平野に直接出るルートがあったと考えられます。高月町を中心とする湖北の平野には、一〇〇基以上の前方後円墳を中心とする古保利《こほり》古墳群や物部《ものべ》古墳群など、古墳時代前期以来、多数の古墳が築造されています。越前国と直接結びつき、湖上交通権を掌握していた有力者の古墳と考えていいでしょう。

さらに、『日本書紀』の垂仁天皇三年三月の条に、新羅の王子、天日槍が宇治川をさかのぼって今の米原市箕浦《みのうら》、あるいは、竜王町綾土付近かと推定されるところに住み、ここから若狭を経て但馬に行ったことが記されています。琵琶湖から瀬田川、宇治川、淀川と続く淀川水系、さらに淀川に流れ込む木津川などのいくつかの河川沿いにも、古墳時代前期からの有力者の古墳群があり、各河川を介した水運の権益がいかに大きかったかが窺い知れると思います。このことから、書紀の記述が伝承としても、瀬戸内海と日本海を結ぶ重要なルートとして琵琶湖が位置づけられていたことだけは確かだったようです。

琵琶湖はまた、米原市朝妻《あさづま》から天野川をさかのぼり、関ヶ原を経て尾張に至る畿内と東国を結ぶルートでも重要な役割を担いました。琵琶湖は、交通の要衝だったのです。

平野の開発

内湖と河川の開発

開発の始まり――水田の開発

琵琶湖周辺に広がる平野部に手を加え、食料生産のための開発を行うようになったのは、いつ頃からでしょうか。大津市粟津湖底《あわづこてい》遺跡では、縄文時代早期に形成された粟塚が見つかっています。そこで見つかった栗は、自然の栗林に、実が大きく育つように人為的に手が加えられたと考えられています。また、瓢箪《ひょうたん》の種も見つかりました。瓢箪は、人々が植物を栽培していた証拠としてよく取り上げられます。他のこの時期の遺跡では、稗や粟、蕎麦《そば》などが出土し、すでに、今日のように栽培されていたのではないかとする考えがあります。とはいえ、多くは自生するものに手を加える程度で、広範囲に整地したり、水の流れを大規模に変えたりするような本格的な平野の開発はな

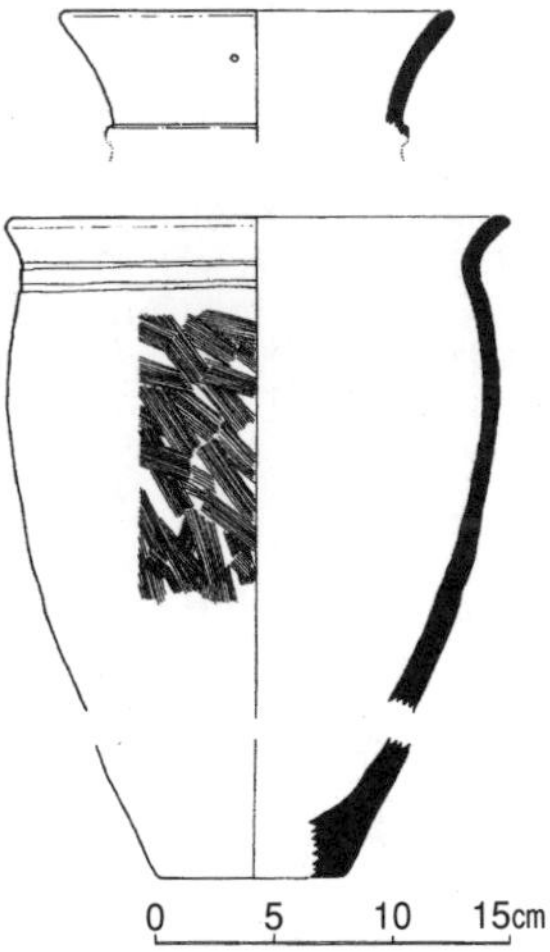

高月町妙光庵遺跡出土の壺と甕

かったと思います。

縄文時代も終わり頃になると、大陸から北部九州に水稲耕作の技術が伝わります。水稲耕作では、水を一定期間、滞水させておく必要があります。また、水を常に一定量に調節しなければならず、水を抜いて一定期間干した状態にしておくことも必要です。従って、稲作をするには、一定面積の土地を水平に整地して、水が万遍なく行き渡るようにすること、水を田に引き込むための用水路を設けること、水を田から抜く排水路を設けること、水量調整の施設を設けること、などが必要となります。

九州の佐賀県唐津市菜畑《なばたけ》遺跡や福岡市板付《いたづけ》遺跡などで、日本で最も古いと見られる水田遺構が発見されています。そこでは、谷間や平野部の湿地が開発され、水田を切り開いています。水を集めやすく、排水も容易なことが、最初に稲作が行われた理由でしょう。

滋賀県でも、守山市服部遺跡で、弥生時代前期の広大な水田遺構が見つかっています。面積は一万八〇〇〇㎡以上あり、地下水位の高い緩傾斜面に立地した湿田です。畔で五〇㎡前後に小さく区画されています。地形などが目立って代わる部分では、幅の広い畔が作られています。小さな区画は、広い面積の田面を水平に保つのが難しかったためで、緩傾斜面の利用は、水を田に送るのを容易にするためでしょう。この他にも、高月町妙光庵《みょうこうあん》遺跡や野洲川流域の草津市烏丸崎遺跡と栗東市霊仙寺《りょうせんじ》遺跡、長浜平野の長浜市川崎遺跡など、野洲川や姉川の作る沖積平野の低湿地を中心に、弥生時代前期でも比較的早い段階の遺跡が二十数カ所で見つかっています。このように、北部九州に伝わった水稲耕作の技術は、近江にもいち早く伝わり、本格的な平野の開発が始まったのです。

内湖の開発――湖岸の美田

弥生時代に伝来した水稲耕作の技術は、瞬く間に東北地方にまで広がりました。近江でも、湖北地方を流れる姉川が作る長浜平野と、湖南の野洲川が形成する湖東平野の南西部に、いち早く伝わりました。当時は、琵琶湖の水面が今より一ｍほど低く、姉川や野洲川が現在のデルタを形成し始める頃で、湖岸も今以上に沖合にあり、各地で内湖や湿地が見られたようです。

弥生時代中頃の安土町大中の湖南遺跡はよく知られている遺跡です。ここでは、かつて、大中の湖と伊庭《いば》内湖との間にできた砂州の内側の泥湿地を利用して、矢板や杭で畔を作り、六〇〇〇～九〇〇〇㎡と大規模に区画された水田が作られていました。集落と水田との間には、排水を主目的とした溝が設けられ、水量を調節していたことが窺えます。溝跡は矢板や杭で護岸されていました。同じ頃、対岸の高島市針江浜遺跡では、琵琶湖の沖合約四〇〇ｍで、直径一ｍもある柳の大木が残る砂州が発見されました。現在の岸辺との間に湿地が形成されており、この部分で手の指のように広がる幅四〇～七〇㎝の溝跡が見つかり、水田が営まれていたことがわかりました。これらの溝は、大溝（幅五・四m、深さ一・二m）と一カ所で合流しており、合流地点で堰《せき》の跡も見つかりました。ここで水量を調節し、手の指状に延びる溝は、用水路と排水路の両機能を持っていたと思われます。また、同じ弥生時代中期の湖北町延勝寺《えんしょうじ》湖底遺跡では、湖底に形作られた砂州を横断するように幅六mの溝が見つかりました。溝跡の片側には護岸のための杭列があり、溝の中からは鍬先などの農耕具が発見されました。周辺に水田があり、農耕に関わる溝だったことがわかります。

これらの遺跡の立地には共通点があります。針江浜遺跡の埋没林は、琵琶湖沖合の「隠れ道」と呼ばれる砂州の上で発見され、延勝寺湖底遺跡の溝跡も、一m以上の異常渇水の時に現れる沖合の弧線状の高まりの陸地部に位置しています。大中の湖南遺跡についても、当時は、湖は閉じられておらず、西の湖や伊庭内湖が形成される時の砂州に立地しています。このように、遺跡一帯では、河川が運ぶ土砂で砂州の形成が進み、内湖状の地形ができて水田に適した湿地が形作られたと考えられます。

遺跡はその後の水位の上昇で水没してしまっていますが、今日ではその内湖が干拓され、再び美しい水田に姿を変えています。弥生時代中頃にも、湖岸沿いに美しい水田がいくつも見られたのではないでしょうか。

河川の開発——陸化する河道

遺跡を発掘すると、よく大小さまざまな旧河道《かどう》や沼沢《しょうたく》地状の泥湿地を検出することがあります。長浜市川崎遺跡は、県内で最も早く弥生文化が伝わった遺跡の一つです。東海地方と関係の深い土器類などが出土し、弥生文化の伝播経路がわかる遺跡です。ここにも旧河道や沼沢地状の泥湿地などがあり、土器類だけでなく、木製の農耕具も大量に見つかりました。文化の波及とともに低湿地での水田の開発も行われていたことがわかります。この遺跡の南側には、弥生時代中頃から古墳時代後期頃にかけての大量の遺物が出土する鴨田遺跡があります。集落が営まれていた期間が非常に長く、弥生時代の湖北地方での中心的なムラだったようです。竪穴住居跡や方形周溝墓などが発見され、ムラの生活の一端を窺い知ることができます。やはり農耕具が出土し、農耕を主産業とする集落だったことがわかります。また、ここにも幾筋かの川が流れ、沼沢地状の湿地が多く分布していました。長浜市を流れる姉川のすぐ南に、鉄砲鍛冶で有名な国友の集落があります。この集落の東側で行われた国友遺跡の発掘調査では、姉川の旧河道にあたる川跡が見つかりました。この川跡から古墳時代中頃の土器とともに農耕具などの大量の木製品が出土しました。

遺跡の調査でよく見つかる旧河道や沼沢地では、土砂だけではなく植物が腐食した「スクモ」と呼ばれる堆積層がよく認められます。ほとんどの場合、このスクモ層が旧河道内の泥質層の最上部にあり、河川が土砂の堆積で浅くなって水の流れが悪くなり、草などが繁茂する沼沢地状になった

長浜市国友遺跡の旧河道（滋賀県教育委員会提供）

ことが窺えます。すなわち、弥生時代以降の、湿潤な地形が変化し始めていたことを示しているのです。姉川が作る長浜平野では、古墳時代中頃を境に、陸化が進んでいます。湖南の野洲川流域にある守山市下長遺跡で発見された旧河道では、古墳時代前期頃のスクモの堆積が認められています。地理的条件によって陸化の進行状況は異なると思われますが、いずれにせよ、人工的な力が加わったとは考えにくいので、自然に陸化していったと見られます。こうした遺跡が分布するところは、現在、琵琶湖より内陸部に位置し、多くは、碁盤の目のように区画された条里型の水田になっています。古墳時代の中頃から後期頃まで湿潤だった土地が陸化し、その後、条里制にのっとった水田の開発が行われているのです。

河川の付け替え——条里型水田の施行

遺跡の調査で見つかる旧河道や沼沢地の多くは、自然の陸化を待って水田として開発されたと思われます。陸化後、水田に開発された時期についてはなかなか詳しくはわかりませんが、湖北平野の北東部に位置する高月町井口遺跡では、条里型水田の開発によって川筋が人工的に変えられたことを示す遺構が見つかり、その時期もわかりました。検出された遺構は南西方向に流れる小さな川跡で、上流側の延長線上に、現在も同じ方向に流れている小川があり、川跡はこの小川の旧河道であることがわかったのです。この小川が川跡の発見された条里型水田のところで田の方向に沿って極端に曲がり、南へ流れを変えているのです。川跡からは、平安時代後半の土器が出土し、川の付け替え時期、つまり、小川が埋没し、水田に開発された時期も明らかになったのです。また、小川は、さかのぼれば高時川《たかときがわ》から流れ出していることもわかりました。さらに、小川の残る延長五〇〇～六〇〇mの間は、古墳時代から平安時代にかけての間、集落が営まれていたところで、その間に、幅一〇m以上だった川が、土砂の堆積などによって、幅一～二m程度の現在の小川に近いものになっていることもわかりました。集落の中を南西方向に流れていた小川が集落跡の西側での条里型水田の施行によって畦割りの方向に付け替えられ、付け替えられた部分の小川が川跡として残っていたのです。すなわち、小川は、平安時代後期の条里型の水田の開発に伴って水田方向に合わせて人工水路に付け替えられ、この時に川跡の部分の小川が埋められてしまったと見られるのです。

地図を見ると、現在残る自然の堤防や水田の形状などから旧河道を復元できることがあります。湖北平野の北部を流れる高時川は、現在、長浜市の難波《なんば》付近で姉川《あねがわ》と合流し、南西方向に流路を変えて琵琶湖に注いでいます。高時川を本流として、高月町井口辺りや湖北町速水《はやみ》・馬渡《もうたり》辺りなどからは、井口地区の小川とほぼ同じ南西方向に放射状の自然堤防が延び、これに沿って集落が形成されています。旧河道がいつ頃まで自然のままの状態で、いつ頃水田開発のために川としての役割を終えたのか、すべてについて詳しいことがわかっているわけではありません。しかし、自然堤防上に立地する集落に沿って流れる水路が、条里型の水田に合わせるように曲がっており、条里型水田の開発に伴って水路が変えられたであろうことが推察できます。井口遺跡は、そうした条里型水田の開発と、それに伴う河川の付け替えの時期を知ることができる一つの例なのです。

条里型水田の開発

条里型水田の施行——水田景観の完成

現在、琵琶湖の周辺にある広大な平野は、大半が河川が運んできた土砂で形成された沖積平野です。河川が平地に流れ出し、流れに応じていくつもの河道を作りながら土砂を運び、肥沃な平野を作り上げてきたのです。そんな川の代表が湖北の高時川や姉川、湖東の犬上川や愛知川《えちがわ》、湖南の野洲川《やすがわ》、湖西の安曇川《あどがわ》なのです。遺跡の発掘調査では、平野形成に伴う河川の跡や湿地帯がいくつも見つかります。河川や沼もやがて陸化し、現在では美しい水田となって私達の食生活を潤してくれています。

琵琶湖周辺に広がる水田を地図や航空写真で見ると、大半が一町四方（約一〇〇m四方）の碁盤の目のように区画され、その中がさらに帯状に細かく畔割りされていることに気づくと思います。このような方形地割りの水田を条里型水田と呼んでいます。近江では、およそ旧郡ごとに坪割り方向が一致し、大半の平地が郡ごとに統一された条里型水田となっています。現在のほ場整備に匹敵する古代の平野の大開発が実施されているのです。それでは、旧河道の名残や湿地、台地の起伏などがある広大な平野を、どのようにして開発したのでしょうか。郡ごとに統一された水田を一気に仕上げたとはとうてい考えられません。色々な条件を克服しながら、段階を追って現在見られる水田の景観を作り上げたと考えられます。

それでは近江の条里型水田はいつ頃から開発されるようになったのでしょう。高月町井口遺跡では、飛鳥時代から鎌倉時代初期までの間、ほぼ同じ場所で集落が営まれてきました。集落跡は、東西五〇〇m、南北一㎞の広がりがあり、その西側には広大な条里型水田が見られます。この集落跡の南端で、一条の人工的な溝跡が発見されました。土砂の堆積状況や集落跡西側の今の条里型水田の坪界の溝の延長線とほぼ一致する点から、同じ場所で何度かの改修が行われ、現在の水路に至ったと考えられます。出土した土器類から、飛鳥時代に掘削され、最も新しくは平安時代後期に改修

高月町井口遺跡の条里型水田の溝跡（上方が集落跡）（滋賀県教育委員会提供）

されていることが判明しています。さらに、遺跡の東側には、高時川から水を引き込んだ小さな河川が現在も残っています。こうしたことから、高時川やその支川から取水し、集落西側の条里型水田を潤していた溝跡であることがわかりました。溝の掘削時期が、集落が営まれ始めた時期とほぼ同じで、集落の営みが条里型水田の開発と深い関係にあるとともに、伊香郡の条里開発の開始が飛鳥時代であることが明らかになったのです。

造成・整地——古代のほ場整備工事

高月町井口遺跡で、集落の営みを始めた飛鳥時代に、集落の東に流れる高時川の支流から取水して集落の西側の条里型水田を潤すため、集落跡南端に溝を開削していたことがわかりました。また、平安時代後期には、河川を条里割りに沿って付け替えている事実も明らかになっています。さらに、平安時代の中期から後期にかけての頃には、集落跡を東西に横断して幾条もの溝が掘られるようになります。水田開発には、水を確保するための土木工事が絶対的に必要であることから、これらの工事は、集落の西に広がる条里型水田の開発・拡大と無関係ではなかったと考えられます。

さらに、水田一枚分を水平にする整地の作業も必要となります。条里型の水田は、一町四方の区画の中をさらに一〇段に分けるのですが、一町を横二つ、縦五つに分ける半折型と縦に一〇に分ける長地型の二通りがあります。自然地形は、地図の等高線でも明らかなように、そこに凹凸がなくても、琵琶湖に向かって漸次低くなっています。従って、条里型水田の施行のためには、およそ五〇m×二〇mあるいは一〇〇m×一〇mほどの範囲を水平に整地しなければならないのです。そのためには、一段《たん》の範囲内で、高い部分を削り、低い部分を埋めて水平にしていく方法が最も効率的で、基本的には現在のほ場整備工事と同じ工法をとっていたと考えられます。

井口遺跡では、低地部分を埋めた土の中に大量の瓦が含まれているところが見つかり、整地方法の一端を窺うことができました。瓦は白鳳時代から奈良時代の始めにかけてのもので、井口遺跡の北側の保延寺《ほえんじ》という集落の中にある華寺《はなでら》遺跡から出土している瓦と同じものが含まれていました。瓦の出土地点は、一町の区画が少し歪み、長地型の一段の中をさらに細かく区分けしており、かつ

長浜市大東遺跡の平安時代後期に形成された瓦溜まり（滋賀県教育委員会提供）

て集落であった部分を周辺地割りにあわせて水田化した部分と考えられます。埋め立ての時期は平安時代後期に下り、寺院の廃絶後に散乱する瓦の始末を兼ねて低地を埋める土砂に混入させたものと思われます。

同様のものが、高月町唐川《からかわ》遺跡や長浜市大《おお》東《ひがし》遺跡などでも見つかっています。唐川遺跡では、東西方向の長地型地割りの低地側に当たる西側で見つかっています。やはり白鳳から奈良時代にかけての頃の瓦でした。大東遺跡は、条里型水田の未施行地域に当たり、むしろかつての寺院の跡地が水田化されたように見受けられます。ここでは溝状の低地に瓦を埋め込むように整地がなされていました。また、平安時代後期の土器が見つかっており、寺院跡地の水田化の時期とそのための整地の方法が明らかになりました。

自然堤防の開発――水田の拡大

湖北平野の南部の旧の近江町地先に、土川《つちかわ》を挟んで北から西火打《にしひうち》遺跡、奥松戸《おくまつど》遺跡、法勝寺《ほうしょうじ》遺跡、狐塚遺跡の四遺跡が、およそ六〇〇mの間に並んだ地域があります。これらの遺跡周辺は条里型水田の非常によく残る地域なのですが、ちょうど遺跡の立地する土川周辺は、条里割りがほとんど見られないか、また、不完全な地割りしか示していません。現状は、かつての天野川およびその支流の土川などが作る自然堤防が開発されずに残され、現在の水田より一段高い畑地や林などとして残っています。特に、西火打遺跡以外は、条里割の全く残らない土川の作る自然堤防の上に立地しています。西火打遺跡についても、その東側に自然堤防の残る一段高い畑地があり、不完全な地割りを示す地域に位置しています。

この地域は、弥生時代中期に、奥松戸・法勝寺・狐塚遺跡に竪穴住居と方形周溝墓が作られて生活の営みが開始され、その後も、旧河道と思われる落ち込みに、古墳時代前期までの農耕具などの木製品が多量に堆積していたことから、周辺の低湿地を水田とする集落が自然堤防上に営まれていた農村だったことがわかりました。

古墳時代後期には、法勝寺遺跡から狐塚遺跡にかけてに古墳群が形成され、一時期墓域となりま

米原市西火打遺跡の水田跡（畦畔と耕作痕）（滋賀県教育委員会提供）

すが、白鳳時代に入って、掘立柱建物を中心とする建物群が奥松戸・法勝寺・狐塚遺跡に広がり、再び集落が営まれるようになり、法勝寺遺跡に寺院が建立されます。集落の再経営はこの寺院建立とは無関係ではないと思われます。それは、周辺の条里型水田の開発開始が、この寺院の建立を契機としている可能性があり、その開発に当たった人々の集落だったのではないかと思われるからです。集落は、寺院とともに奈良時代の終わり頃に廃絶し、条里型水田開発も未施行地域を多く残したようです。

この後平安時代中頃に、西火打遺跡をも含んで三たび集落が営まれます。この頃から自然堤防の水田化がふたたび始まったようで、特に西火打遺跡では、平安時代中期にはもともと自然堤防の一段高い部分に位置していた井戸跡が、幅一ｍの条里型水田の旧畦畔の築成によって平らに削られており、自然堤防の水田化の時期が平安時代後期であることが判明したのです。すなわち、この頃に自然堤防の水田化を伴う大規模な条里型水田の開発が実施されたと考えることができるのです。

扇状地の開発――高度な灌漑工事

高月町井口遺跡では、灌漑水路の開削のようすから、飛鳥時代頃に集落の形成が開始されると同時に、伊香郡で統一されていく条里型の水田を開発していったようすを窺うことができました。このような、集落の形成と条里型水田の開発とが一致する事例の他に、条里型水田施行以前に、条里とは異なる別の規格性のある水田開発が行われたと考えられる地域があります。

犬上郡の甲良町や豊郷町付近には、犬上川が作る扇状地形が形成されており、いくつもの微高地が現在も広がっていて、農業用水の確保が困難な地域であったと考えられます。犬上郡全体では、およそ北に対して三三度ほど東に振った地割りを示す条里型水田が形成されますが、この扇状地形部分では、北に対して二七度から二八度程度しか東に振らない軸線の異なった条里型水田が広がっています。そしてさらに、そうした条里割りすら認められない微高地が存在しているのです。その微高地に、古墳時代前半から集落の営みが見られ、早い段階から水田の開発が行われていたと推察されていました。しかし、甲良町下之郷《しものごう》遺跡の調査で、七世紀末から八世紀前葉頃、この微高地を

甲良町下之郷遺跡の灌漑用水路跡（滋賀県教育委員会提供）

横切るような形で、大型水路が川筋から南北方向に開削され、そこから地形に沿って東西方向に支線水路を引き出し、水田の用水を供給していたことが明らかにされました。この遺跡でも古墳時代前半から集落の営みが認められるのですが、少なくとも七世紀前半頃まではこのような水路の跡は見つかっていません。従って、七世紀末頃になってはじめて、新たな水田開発技術が導入され、直線的な南北および東西方向に直交する水路を開削することで、規格性のある農地が形成されるとともに、従来では用水の行き渡らなかった地域をも新たな農地とすることができ、水田面積が拡大されていったのです。ただ、犬上郡の統一条里とは異なり、扇状地全体に広がるような広い範囲に統一的な畦割りが形成されるのではなく、およそ集落ごとにその周辺地域を対象に開発されていったようです。

ほ場整備工事が実施される前の地形図には、方格地割りとは異なる長方形地割りの畦畔《けいはん》が認められますが、これは、条里型水田の間に残された当時の名残と思われます。広範囲におよぶ条里型の水田の開発は、こうした段階を経て、十世紀中頃、平安時代中頃を中心に大規模に実施されていくのです。

条里型水田と集落

条里型水田の開発母体――長期集落（集住型）

条里型の水田が広い範囲で整然と分布している地域で、ある一定の範囲だけ条里の畦割りの見られないところがあり、この部分に集落跡の位置している遺跡が幾例か認められます。例えば、高月町柏原《かしはら》遺跡、井口遺跡、保延寺大海道遺跡の三遺跡は、伊香郡の統一条里型水田が分布する湖北平野の北東部にあって、南北約二㎞に及ぶ範囲に並んで形成された集落跡です。これまでの調査からそれぞれの集落の範囲が非条里型水田部分地域に限られていることが判明しています。また、いずれも、古墳時代後期から平安時代後期まで長期に渡って継続する集住型の集落が営まれていました。特に、詳細に調査が行われた柏原・井口遺跡では、集落の住居群とともに、東西方向に走る溝跡八条が検出されています。この溝跡は、東の高時川あるいはその支流から取水し、西に広がる条里型水田に給水していたと考えられるものでした。これらの開削時期は、七世紀前半のものが一条、八世紀中頃のものが一条、九世紀頃のものが一条で、他の五条は十一世紀頃のものでした。このうち、七世紀前半の一条は井口遺跡の集落の南端に位置し、平安時代後期までの間に三度に渡る改浚《かいしゅん》が認められています。また、八世紀中頃の一条は柏原遺跡の集落の北端に位置していましたが、短期間で埋没してしまい、平安時代後期になって、それよりさらに北二三ｍの位置に付け替えられ、集落の住居もこの付け替えられた溝の側にまで進出しており、集落範囲の拡張が認められました。これらに対し、十一世紀の溝跡五条は、柏原・井口遺跡のこれまでの集落内に開削されるとともに、この頃には、新たな住居が構築されなくなっているのです。

このことから、柏原・井口遺跡では、集落の成立後間もなく条里型水田の開発が開始され、奈良・平安時代を通じて、集落の経営とともに条里型水田による生産面積の拡大が徐々に計られていったと考えられます。また、溝の大半が平安時代後期に開削され、改浚や付け替えが行われる一方で、これまでの集落が廃絶に向かっていることから、この頃に、集落の再編成と集落範囲をも含み込んだ大規模な水田開発が実施されたと考えることができます。すなわち、柏原・井口遺跡、あるいはその北の保延寺大海道遺跡も含めて、これらの集落は、周辺の条里型水田の開発の母体ともいうべきもので、長期間に渡る集落の経営と並行して、西側に広がる平野の開発を徐々に進行させていったのです。なお、平安後期以降の集落は、現在の集落の中に包括されていったと考えています。

条里型水田の耕作母体――短期集落（散村型）

高月町柏原・井口遺跡などは、条里型水田の開発の母体であり、その開発の過程を示しながら長期間同一地域で集住するもので、いわば長期集落ということができます。一方、非常に短期間に数棟の建物だけを建てる集落跡があります。しかも、条里の畦割りの方向に沿い、一坪の中のいずれかの方向に偏らせて建てられているのです。例えば、長浜市慶蔵寺《けいぞうじ》遺跡は、今の西主計《にしかずえ》の集落をも含み込んで非常によく条里景観を残す水田地帯にあります。ここでは、条里の一坪内の北西コーナー部分で六棟の掘立柱建物と竈を一基検出しています。六棟の建物の内一棟は平安時代前期、五棟が平安時代後期の十一世紀後半から十二世紀にかけての頃に建てられたものでした。後期のものは、建て替えの一棟を除いて四棟が十字形に配列され、屋外に炊飯用の竈を持った家一軒分の住居群であることがわかりました。前期のものと比較すると、後期のものが条里型水田の畦畔と同じ方向に建てられ、坪界の畦を意識しているのに対し、前期のものは、畦畔の方向より西に振り、しかも、坪界の畦畔にまたがるような状態で検出されました。このことから、平安時代後期には、建物群の方向や配置に影響を与えるべく条里型水田がすでに出来上がっており、前期にはまだそうした水田が完成していなかったと考えることができます。後期のこれら建物群と同じ坪内の南西部のコーナーでも同一時期の建物を検出しており、一坪内に家二軒程度の住居群が分散して分布していたと思われます。

同様の条里景観は、伊香郡高月町唐川遺跡、犬上郡甲良町法養寺《ほうようじ》遺跡、高島市正伝寺《しょうでんじ》遺跡などでも確認されています。唐川遺跡では、慶蔵寺遺跡と同じ十一世紀後半頃の掘立柱建物三棟が坪内

長浜市慶蔵寺遺跡の建物群

の東端の中程で見つかっています。法養寺遺跡では、平安時代前期の建物が南北方向に建てられているのに対し、平安時代中期、十世紀中頃には、二棟一単位の建物が条里の畦割り方向と一致させて建てられていました。正伝寺遺跡でも、高島郡条里の畦割りの方向にあった建物が二〜三棟を一単位として坪内の南東部で検出されていますが、

ここでは十二世紀から十三世紀の鎌倉時代に下るものでした。

こうした集落景観は、これら以外に坂田郡、愛知郡、神崎郡、栗太郡などの条里地域においても幾例かが認められています。すなわち、早い地域で十世紀中頃、遅いところで十二〜十三世紀頃の琵琶湖周辺で、開発された条里型水田を耕作する人々の家が散村的に分布する集落景観を見ることができるのです。また、これらの遺跡から、遺跡周辺における条里型水田開発の下限を探ることもできるのです。

権門勢家と荘園――増加する開墾地

近江の条里型の水田は、七世紀後半以降徐々にその面積を拡大し、特に、十一世紀から十二世紀の頃、集落の再編を伴う大規模な開発が行われ、この頃までに、水田だけでなく村落についても、今日の琵琶湖周辺の平野に見られる景観の根幹が出来上がったものと思われます。こうした条里型水田開発の背景の一つには、課税の基準と均等化を計るとともに、税の増収を計ることにあったと考えられます。また、奈良時代の中頃に、墾田《こんでん》永年私財法が出されたことからもわかるように、貴族や社寺などの権門勢家《けんもんせいか》が税金のかからない墾田を盛んに増やし、私有化して勢力の拡大を計ったことも開発を促進させた一因と考えられます。近江では、正倉院にある東大寺領の荘園を描いた絵図の中に見られる覇流荘《へるのしょう》（今の彦根市）と水沼荘《みぬましょう》（今の多賀町）が有名です。覇流荘は荒神山の琵琶湖側にある曽根沼の位置が推定され、早くに水没したといわれています。水沼荘は、絵図に表される大門池《だいもんいけ》が現存しています。覇流荘は、荒神山が愛知川や宇曽川による土砂の堆積を拒んだその後背の湿地に立地し、水沼荘は犬上川が作る扇状地に所在していて、ともに開発の困難な場所を対象に選んで開墾に臨んでいます。平安時代後期には、在地の有力な農民たちが成長し、税を逃れ、在地での支配権を確立するため、所領を権門勢家に寄進するようになります。この権門勢家の後ろ盾が、大規模に開発を進展させた要因の一つともいえます。

鎌倉時代以降になると、荘園領主から独立し、村落の自立性が強まってきます。自らの手で村落を経営していくのですが、従来の条里型水田だけではなく、これまで開発の及ばなかった場所などに対しても手を加えていくようになります。その開発母体であり、その後の耕作主体となると考えられる村落が、最近、県内でも数多く見つかっています。すべてが同じ性格の村落とはいえませんが、従来の集落跡と大きく異なる点は、多くが周囲の条里型水田の地割りに沿わせて溝や道路などで区画を作り、それぞれの区画の中に、複数の家屋を規則的に配するなど、計画的な村落を作り上げていることです。区画内の家屋はそれぞれ規模や形状が異なり、主屋や所従の家屋、倉庫や納屋《なや》、厩《うまや》などの機能の異なる家屋群で構成され、畑などの耕作地を伴います。それぞれの区画内には、主屋の規模や他の家屋の数などに違いが認められ、小百姓、平百姓、在村領主、在地領主などの階層差を持った人々それぞれの家一軒を構成しているのです。

戦国時代が過ぎ、江戸時代にはいわゆる新田開発が行われます。そして、戦前から戦後にかけての頃、琵琶湖周辺の多くの内湖が干拓されていきました。

第二章　祭祀

弥生時代の祭り

神々の姿

木偶

豊饒の神――山の神神事と木偶

縄文時代の終わりころ、水田による稲作技術が大陸から北部九州に伝わると、豊饒《ほうじょう》を祈る農耕の祭りにおいても、大陸、特に朝鮮半島からの強い影響を受けることとなり、わが国の固有の祭りと融合して独自性を持った新たな祭りを生み出していくこととなります。豊饒の祭りの中心となっている新嘗祭《にいなめさい》は、稲穂を倉にうず高く盛り上げ、穀霊《こくれい》を招き下ろし、穀霊と巫女《みこ》が神婚し、新しい穀霊を生む、穀霊神と人々が神田から収穫された米で作られた酒を飲み、米を共食し、神人一体化するというものです。稲と人間の生命を同一視し、稲の一年を人間にたとえて一生とすると考えたのです。それでは、豊饒を祈る神々はどのように表現されているのでしょうか。

『晋書馬韓伝《しんしょばかんでん》』で馬韓の国のことを述べているところに、春五月の種まきと秋十月の収穫が終わった後に、「鬼神《きしん》」を祭ることが書かれています。鬼神については、高句麗の条に、宮室の両側に神殿を造り、それぞれに鬼神を祭ると書かれ、下って唐代の書物には、この神殿に祖霊神である男女の木像をそれぞれに置くと書かれています。こうした資料から、三世紀ころの鬼神は農耕の神であり、祖霊神でもあって、男女二神の木像に形作られ、神殿に安置されていたことが窺えます。

これに似た祭礼に、わが国で古くから行われている山の神神事があります。地域によって少しずつ異なりますが、滋賀県から三重県にかけての地域では、多くは一月に、山中の山の神の祭場に出向き、注連縄《しめなわ》を巻いて結界を作り、その中に木で作った男形と女形の人形を交接させて置くことが行われています。冬の間に生命力の増強を計り、毎年年神として、また、田の神として村に招き入れ、新しい生命の誕生と豊饒を祈るのです。収穫に際しては、田の神に感謝し、丁重に再び山へお送りするのです。この山の神が穀霊神であり、また祖霊神と考えられ、男女二体の木像として表現されているのです。

この木像に似たものが、滋賀県の弥生時代中頃の遺跡から数多く出土しています。中でも野洲市湯ノ部《ゆのべ》遺跡の四号木偶《もくぐう》とされるものは、高さが六〇・五㎝で、頭部、胴部、腰部が作り出され、腰が細く締まっていて上半身と下半身とが明瞭に区別されていました。さらにこの木偶には、腰部に直径一・五㎝の小さな孔が穿たれ、この穴に木の棒が差し込まれていたのです。多くの木偶は男女の区別を付けるのが難しいのですが、四号木偶の表現は、穴の位置から男根を表したもので、明らかに男形を示しています。木偶に、男女の区別を意識して作られたものがあるということは、豊饒を祈る山の神のような神事が、弥生時代にすでに行われていたのではないかと考えられるのです。

祖霊像――方形周溝墓と木偶

弥生時代の木偶は、大半が滋賀県から出土しています。安土町大中の湖南遺跡の二体は早くから知られています。大中の湖南遺跡は、農耕村落の跡で、木偶は、水田跡と集落跡との間に掘られた灌漑用の大溝から多数の農耕具と共に出土しています。

わが国では、神の寄り代《よしろ》だけではなく、願いを込めた神以外の、願いを妨げる悪霊の侵入を防ぐため、人々が生活をする村の出入り口に、「勧請縄《かんじょうなわ》」を設けることが民俗事例に多く見られます。タイのアカ族の村では、集落の出入り口にロッコーンと呼ぶ鳥居《とりい》に似た門を立て、門の上に木製の鳥形を木の棒の先に突き立て、門の脇に木製の男女の人形を据え、道の両側に木製の槍や弓矢などを立て並べることが行われています。これは、村に入ろうとするさまざまな災厄を持つ悪霊の侵入をここでくい止めるためのものとされています。アカ族は陸稲栽培を生業としている人々で、鳥は穀霊神を乗せてやって来るもの、木偶は新しい生命の誕生を願うものと考えられています。また、

タイのアカ族の集落の出入り口に立つ門（参考文献五四より）

武器類は悪霊を退散させます。この神聖な門に見られるような木製の鳥形代《かたしろ》は、大阪府などの弥生時代の遺跡から多数出土しており、また、武器を形取った木製品も弥生時代以降の遺跡から数多く出土しています。大中の湖南遺跡などのように集落の跡から出土している木偶などは、村の出入り口に据え置かれていたのかもしれません。

またその後、木偶は、野洲市湯ノ部遺跡から四体、草津市烏丸崎遺跡から一体、守山市下之郷遺跡と赤野井湾遺跡から各一体の出土が知られるようになりました。湯ノ部遺跡では、四体のいずれもが、小型の方形周溝墓群が取り巻く大型の周溝墓と考えられる溝から出土し、烏丸崎遺跡も方形周溝墓の溝の底からの出土で、木偶が葬送の儀礼とも関係していた可能性が考えられるようになりました。烏丸崎遺跡の木偶は、長さ約七〇㎝で、頭部と胴部が作り出され、腰部を細く削り込み、上半身と下半身とを区別しています。特に下半身に当たる部分は先端を細く削りだし、突き刺して立てられるようになっています。同じ特徴を持ったものが湯ノ部遺跡の三号木偶に見られます。烏丸崎遺跡では、板状のものや杭状の木製品と一緒に出土しており、穿って考えれば、方形周溝墓の墳丘の上に板囲いのような施設を作り、その中に木偶を突き刺して立て、何らかの葬送の儀礼を行っていたのではないでしょうか。そうだとすれば、悪霊の墓への侵入を防ぐための役割を担った神の形代か、あるいは、男女一対が置かれていたとすれば、生命の再生を願って墳墓上に立て置かれていたのでしょうか。祖霊を偶像化した木偶を置いて葬送の儀礼を行っていた可能性もあります。

微笑む木偶——悪霊を追い払う笑み

滋賀県から数多く出土している木偶は、顔、胴部、腰部を作りだす以外に、顔の表現に特徴があります。目と口が線刻で現され、特に、野洲市湯ノ部遺跡の四号木偶では、眉の表現まで見られます。その表情がいずれも極めて穏やかで、湯ノ部遺跡の四号木偶や大中の湖南遺跡の彫りの深い木偶などでは、むしろ微笑んでいるような感じさえ受けるのです。同じように微笑みを現しているものとして、岡山県を中心として瀬戸内海沿岸に分布している分銅《ふんどう》に似た形をした土板（分銅形土製品）があります。多くは集落跡から出土しています。用途はまだはっきりしませんが、護符として

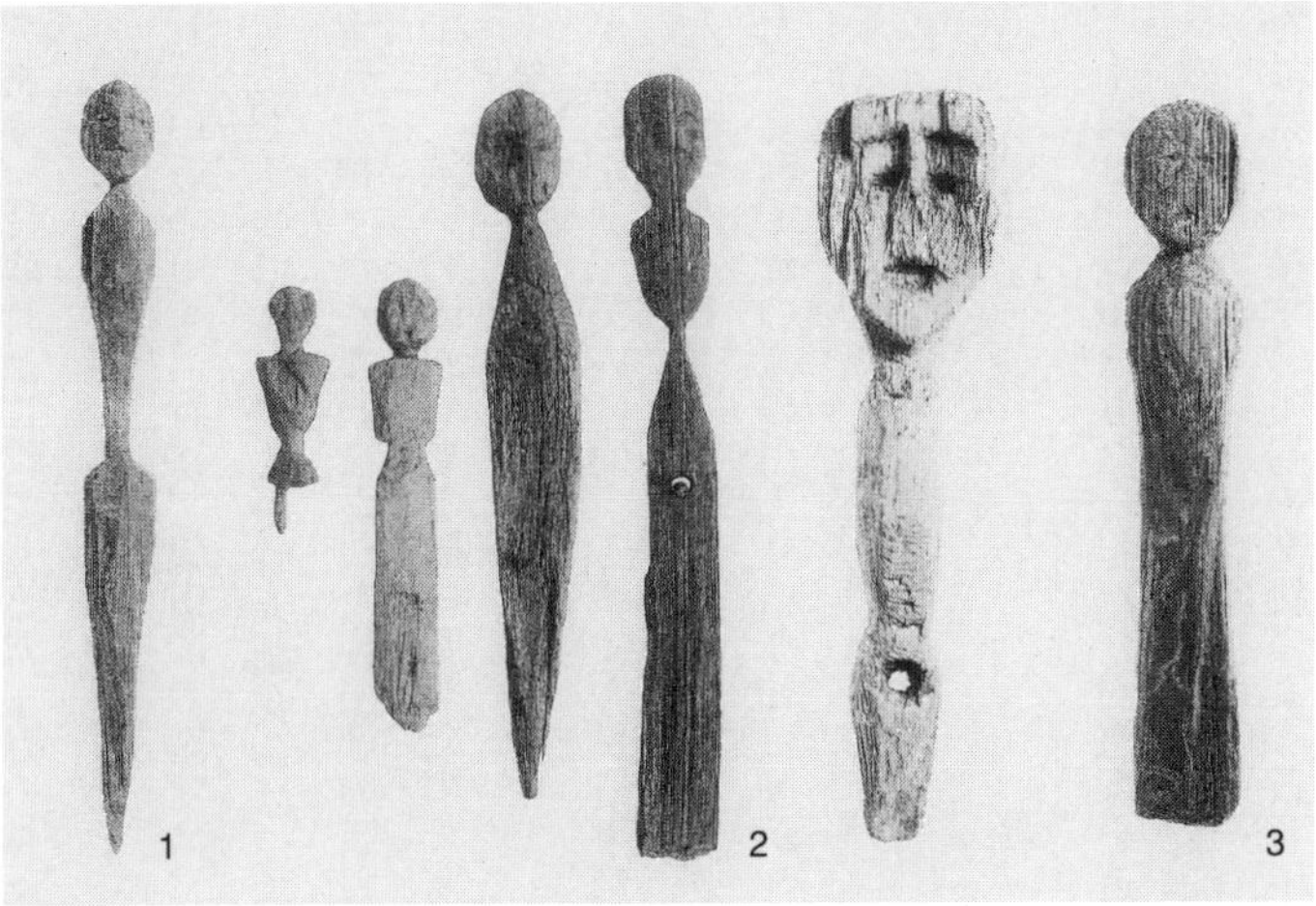

県内出土の木偶（1：草津市烏丸崎遺跡、2：野洲市湯ノ部遺跡、3：安土町大中の湖南遺跡）（滋賀県立安土城考古博物館蔵）

家の出入り口に吊して使われたのではないかと思われています。この分銅形土製品の中に、隆起した眉に目や口が線刻されたものがあり、その表情が、一時ニコちゃんマークがはやったことがありますが、まさにその微笑みそのものなのです。

一方、同じ瀬戸内海沿岸を中心とした地域には、弥生時代の土偶《どぐう》が分布しています。この土偶や、また、東日本に多く見られる土偶形容器と呼ばれるものなどには、入れ墨を施したような厳しい顔の表現をとるものがみられ、極めて対照的といえます。

木偶や分銅形土製品に見られるこの微笑みは一体何を意味しているのでしょうか。『古事記』や『日本書紀』によれば、素戔嗚尊《すさのおのみこと》が退治する八岐大蛇《やまたのおろち》の眼は赤酸醤《あかかがち》（赤いホオズキ）のようであり、降臨神話に出てくる八十万《やおよろず》の神々の眼力を打ち破った荒ぶる神である猿田彦《さるたひこ》の眼も鏡のように照り輝き、赤いホオズキのようだといっています。いずれも異様な邪悪な眼を持っているとされているのです。特に、猿田彦の話では、眼力の優れた眼を持つ天鈿女命《あめのうずめのみこと》が猿田彦の正体を暴くことになるのですが、この時天鈿女命は、猿田彦に対して、「笑って」向かい合ったとあります。八十万の神々がかなわなかった猿田彦の眼力が、天鈿女命の笑いに負け、その正体をあらわにしたのです。笑いの眼が邪悪な眼に勝ったのです。

笑いが福をもたらしたり、祭りの中で、悪霊を追い払う所作として笑いが重要な役目を持つものがあるなど、笑いに関する多くの民俗事例のあることが指摘されています。このことから、木偶の穏やかな顔は微笑みを現しているのであって、弥生時代においても、村の出入り口や墳墓の上、また、それぞれの家の出入り口などに置かれ、その笑いが悪霊を追い祓うと信じられていたのではないでしょうか。

豊饒の予祝

木偶は、豊饒をもたらしたり、悪霊を追い払う神を人の姿を借りて現されたものです。特に、男女の違いがあるらしい点は、伊勢から近江にかけてに分布する山の神神事に似た信仰のあったことを推察させます。夫婦の交接による新しい生命の誕生、すなわち、新たな稲の実りを予祝《よしゅく》するために用いられたものもあると考えられるのです。農耕の祭りの中では、こうした予祝の行事が大きな位置を占めています。

田植え前に行われる、田ならしから収穫までを模擬的に演じたり、笛や太鼓、ササラなどの楽器を用い、歌に合わせて早乙女《さおとめ》が踊ったりする「田遊び」や「田植え踊り」などの民俗芸能は、その所作通りに豊作になるように神に願う予祝行事なのです。また、古代歌謡には、豊作を祈る際に模擬的な戦いが行われ、その勝ち負けで豊作を占っていたことを窺わせるものがあります。『魏志東夷伝』の馬韓の条にも、五月の種まきが終わったときに「鬼神」を祭り、歌舞飲食して豊饒を願ったことが記されています。その時の踊りは、みんながそろって足を高くまた低くあげて大地を踏みならすもので、これに似た踊りが、今でも、大地の鎮魂の儀式として奈良県などに残っているといわれています。

こうした祭りがすべて弥生時代にまでさか上って行われていたかどうかわかりませんが、守山市の服部遺跡などから出土する共鳴箱である槽《そう》の付いた琴や高島市森浜遺跡などの板状の琴、主に北部九州と山陰地方にだけ分布している陶塤《とうけん》と呼んでいる土笛などの楽器の存在、また、各地から出土する武器形の木製品などから、弥生時代の農耕の祭りを考えるときには、こうした民俗事例や『魏志東夷伝』に見る祭りの在り方が参考になると考えます。

この他に、豊作を祈る予祝を推察させるものに、正月の初夢を見るために、枕の下に敷いた縁起

守山市服部遺跡出土の共鳴箱を持つ琴（守山市教育委員会蔵）

物の宝船の絵があります。米俵や宝貨を積んだ船に、七福神を描き、前からも後ろからも同じように読める回文歌《かいぶんか》を添えるものが多いのですが、その中に、田舟に稲穂を乗せた簡単な絵柄のものがあります。宝船は本来、豊作を祈るためのもので、宝船一杯の稲穂は、やがて訪れる秋の恵みを予祝したものと考えられます。各地の遺跡から出土する田舟やミニチュアの船形代の中には、その中に稲穂を乗せ、神前に供えて秋の実りを祈願したものもあるのではないでしょうか。豊饒の神は山からだけではなく、海の彼方からもやってくると信じられていたのです。

神の使い

鳥絵画と鳥形代

長浜市鴨田遺跡から、弥生時代の終わり頃の壺形の土器に、人物や龍などを線で描いたものが見つかっています。落書きのように随分と稚拙に見える絵ですが、その中に鳥のような絵柄が見られます。鳥を題材とする絵柄は、弥生時代の銅鐸や土器などによく見ることができます。銅鐸では、尖った嘴《くちばし》に長い首を持ち、三本指の長い足を持った鳥が描かれています。その姿から鷺か鶴だろうと思われます。土器の絵にも似たような姿の鳥が描かれています。鴨田遺跡の土器の絵は少し崩れた絵になっていますが、板で鳥をかたどった木製品に似たものがあり、鳥と見て差し支えないでしょう。

滋賀県の各地には、「烏勧請《からすかんじょう》」と呼ぶ神事が残っています。「お供えアゲ」とか「洗食上ゲ《せんじき》」などといって、氏神の神社から少し離れたところに洗食を置き、烏がそれを食べるのを待って御神酒《おみき》を飲んだり、神前に神饌《しんせん》を供えたりするのです。春に豊作を願う時、穀霊をもたらす使いとして、秋の豊作を感謝するとき、翌年の豊作を願って穀霊を送る使いとして、鳥が重要な役目を担っていたのです。山の神の祭りを考えれば、常に山のねぐらに帰る鳥を神の使いと考えたのはごく自然のことで、鷺なども常に田で見かける鳥なのです。豊饒をもたらす神々は、海辺では海の彼方に、山辺では山の中にある神の国に居て、毎年、正月に年の神として迎えられ、夏には里へ降りて来て田の神となる存在でした。こうした神の国と地上の国との間の使いとして鳥が大きな役割を果たすという信仰は、世界各地に見られるといわれています。

鳥は絵の他に、木を彫刻して作るものがあり、弥生時代の中頃に、大阪府を中心とする近畿地方をはじめ主に西日本から出土し、後期には東日本からも出土するようになります。鴨田遺跡の鳥形代は板状のもののようですが、立体的にリアルに彫刻されたものも見られます。大阪府の例では、背中の部分を窪ませて羽を付けるようになっており、また、腹部に穴が開けられていて棒にさし込めるようになっています。タイのアカ族の門の上の鳥を思い出させます。また、鳥の形となった神霊が、大樹の頂上から種子を授けたという神話伝承に基づく農耕儀礼の一つとして、朝鮮半島南半を中心に分布している長い棹《さお》の先に鳥を付ける風習が思い浮かびます。銅鐸や土器の絵と違って、鳥のような鳥を連想させるものが多く、当時では、悪霊を防ぐ鳥と穀霊を運ぶ鳥とを区別していたのかもしれません。

鳥装人物―司祭者と巫女―

土器に人物などを描く絵画土器が、滋賀県では長浜市鴨田遺跡と米原市中多良《なかたら》遺跡の二カ所から出土しています。鴨田遺跡では、人物以外に龍や鳥らしいもの、鹿のような動物、正体の不明なものなどが壺形の土器に箆で描かれており、中多良遺跡のものは、手焙《てあぶり》形土器の破片で、直弧文のような文様に人物が添えられています。二つの土器に描かれている人物を見てみると、鴨田遺跡では、頭に角のような飾りを付け、両腕を広げて立っています。手と足の先は、三本から五本の指で現されています。中多良遺跡のものは、頭の飾りは見られませんが、両腕は鴨田遺跡と同様に大きく広げられ、足は欠けていてはっきりしませんが、腕の先はやはり三本ないし四本の指で表現されています。すなわち、両遺跡の人物の描き方に極めてよく似た点のあることがわかると思います。

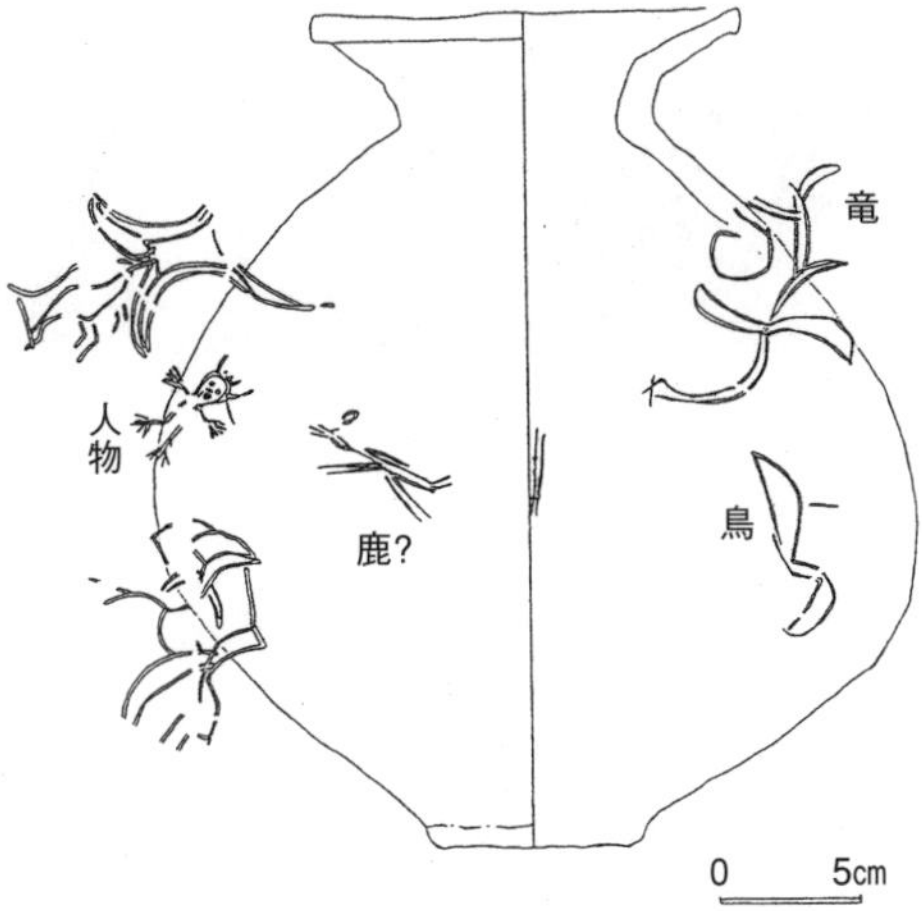

長浜市鴨田遺跡出土の土器絵画

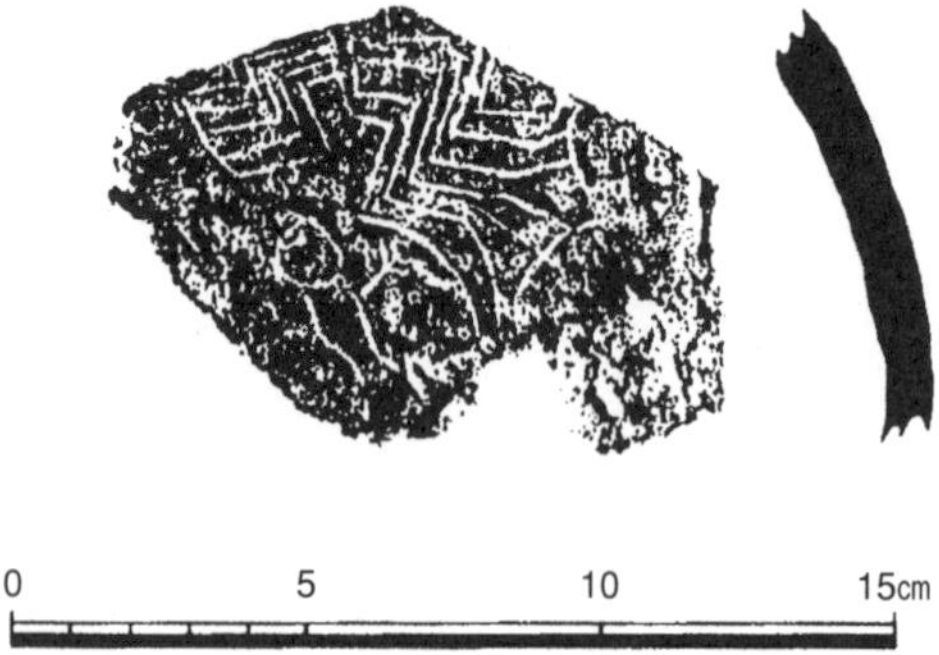

米原市中多良遺跡出土の土器絵画

絵画土器の人物像は、弥生時代の中頃の遺跡を中心に、近畿地方や岡山県、鳥取県などの各地から出土しています。その描き方を見ると、いずれも腕を大きく広げ、その腕に羽衣のようなものを纏っていることが多く、手が三本指で表現されているのです。また、頭に鳥の羽のような飾りを付けていることも共通しています。さらに中には、嘴《くちばし》を表現しているものも見られます。銅鐸や絵画土器に描かれている鳥の足がいずれも三本指であることからすれば、土器絵画の人物は鳥を意識して描かれているものと考えられます。すなわち、頭を羽根で飾り付け、羽衣を羽根に見立て、両腕を大きく広げて羽ばたいている鳥の姿をした人物のようすを描いたものと思われます。鴨田・中多良遺跡出土のものは、弥生時代の終わりから古墳時代のはじめ頃のもので、本来の描き方が忘れられかけていますが、手の描き方や頭の飾りなどに鳥の姿をした人物像の名残が窺えます。

鳥が神の国と人間の国との間を取り持つ使者と考えられるなら、鳥の姿をした人は、鳥に代わって神の言葉を伝える司祭者あるいは巫女ということができます。巫女は、唯一、神と交流できる存在であり、司祭者は、神の言葉を巫女から人々へ伝える役割を担うこととなります。縄文時代には、自然からの恵を得るために、全員が精霊に祈りを込めて儀式を執り行ってきましたが、巫女や司祭者が出現したことで、祭りを取り仕切る特別な人物を生み出すことになったのです。『魏志倭人伝』では、邪馬台国《やまたいこく》の女王卑弥呼《ひみこ》は「鬼道《きどう》をよくする」とあり、神の言葉を聞く巫女であったことがわかります。その巫女が国の祭りを仕切る女王として君臨し、やがて、その祭りを取り仕切る司祭者が政治をも左右する存在となっていくのです。

神々の寄り代—倉と祠—

栗東市下鈎《しもまがり》遺跡や守山市伊勢遺跡、高島市針江川北遺跡などから、切妻の掘立柱建物の妻側の側面から外側に大きくはずれて棟持柱《むなもちばしら》を持った建物が検出されています。その形は、三重県の伊勢神宮の内宮・外宮をはじめ、多くの社殿を思い浮かべていただければ想像が付くかと思います。この種の建物は、まだ数は少ないのですが、弥生時代の中頃から古墳時代全般を通じて全国各地から見つかるようになりました。針江川北遺跡では、竪穴住居を中心とする集落の中央に、板状の柱

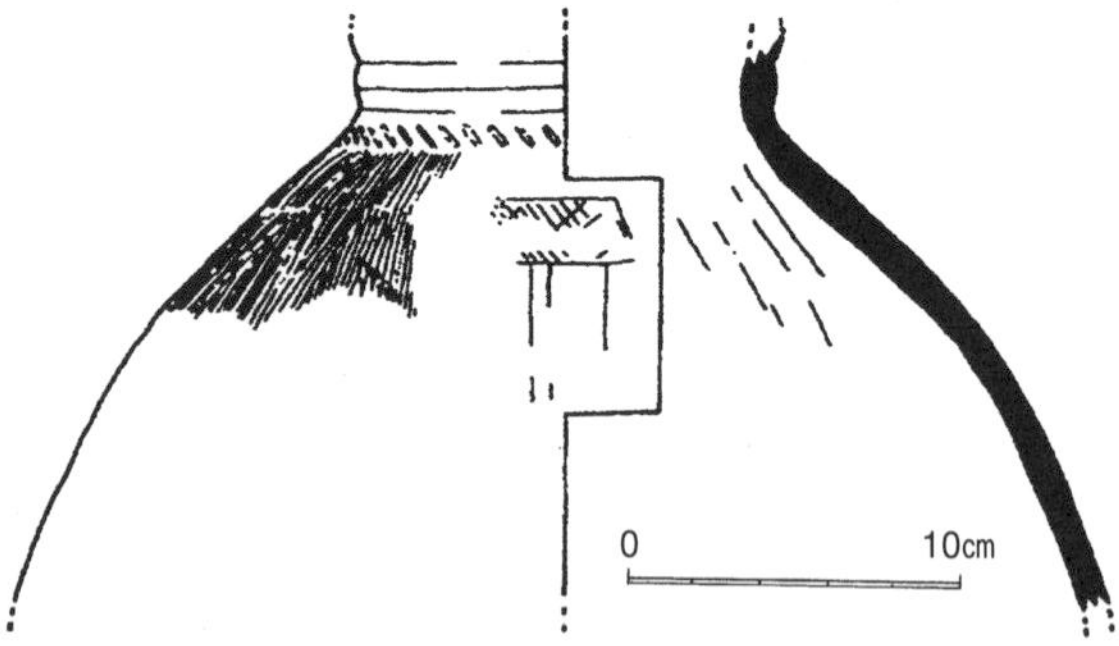

栗東市下鈎遺跡出土の土器絵画

を持った特殊な掘立柱建物を円形に矢板で囲い、その外側に棟持柱建物を配する特殊な空間が作られていました。全国で見つかっている棟持柱建物も集落の中心部に位置し、特別な扱いを受けています。また、絵画土器の題材にも棟持柱建物が選ばれています。下鈎遺跡出土の絵画土器のように寄棟《よせむね》の建物もありますが、これには棟の両端に蕨《わらび》状の飾りを付けるものが多く、やはり特殊な建物として描かれているのです。これらは、梯子《はしご》が掛けられ、それを上る人物を描くものがあることから、高床の倉を表現しているものと考えられます。

人々に畏敬の念を起こさせる巨石や巨木、神々しい笠形の山をはじめ、峠、山岳、海洋など自然界に存在するすべてのものに神が宿るとするアニミズム的な信仰は、縄文時代以来今日まで引き継がれてきていますが、自然からの恵を主とした社会から、計画生産を可能にした弥生時代の農耕社会への変化は、神々に対する観念にも変化をもたらしているはずです。神々の宿る寄代《よりしろ》にしても、農耕社会独自のものが新たに生み出されたものと考えられます。収穫物を納める高床の倉は、穀霊神と巫女との神婚による新たな穀霊を生み出す場所でもあります。鳥に導かれて神の国に帰った穀霊神は、翌春再び鳥によって高床の倉庫へ戻り、新たな穀霊を生みだします。この繰り返しにより、高床の倉庫が穀霊神の寄代として神聖視され、穀霊神と祖霊との結びつきによって、祖霊の寄代としても特別な建物が建築されることとなり、後世の「祠《ほこら》」の起源となっていったと考えられるのです。

高島市の今津町では、四本柱の高床の台を設けて屋根を葺き、収穫した種籾を貯蔵する「種ニュウ」と呼ばれる建物が今も建てられています。神聖視される場所に建てられていること、貯蔵された籾が神祭りに供せられる例のあることなどから、穀霊神の寄り代として建てられたものと思われます。下鈎遺跡などで見つかっている棟持柱建物や絵画土器の寄棟建物は「祠」としてある程度完成した形であり、「種ニュウ」は、現在に残る「祠」の初現的な形を示しているのかも知れません。

龍神と男根――水の神――

田植え始めのことを「サビラキ」と称するところがあります。「早苗《さなえ》開き」のことで、サは田の神を表しています。野洲市では、田植えの前日か当日、また、田植えまでの吉日を選んで、鰊《にしん》、白米の蒸し米、豆ご飯などを田の水口に敷いた蕗《ふき》の葉の上に供え、田植えの無事を祈願するところがあります。水口に御幣《ごへい》を立てて水口の祭りをするところもあります。田に必要な水が涸れることなく供給されることを願って行われているのです。

平安時代の『古語拾遺《こごしゅうい》』に、土地の神が、田の神の怒りに触れたために田に放たれた蝗《いなご》を追い払うのに、水口に牛の肉を置き、さらに男茎形を作って加える方法を巫女から教わっているようすが記されています。このことから、男茎が虫送りだけではなく、水口の祭りにも使われていることがわかります。この男茎形代が弥生時代の遺跡から出土することがあります。今もなお、井戸の上に振りかざし、豊かな水がわき出すことを祈る祭りに用いられているように、田植え前の水口の祭りにも用いられていた祭具の一つだったのでしょう。

水は水田農耕にとって欠かすことのできないものです。その水の神としては龍がよく知られています。今も龍神様に祈って水田耕作に必要な雨を乞う祭りが行われています。この龍の絵画も弥生時代の土器などに描かれているのです。大阪府、奈良県を中心に、宮崎県、岡山県などから出土していることが知られ、滋賀県の長浜市鴨田遺跡出土の絵画土器にも描かれていました。龍の絵柄は中国の鏡の文様を転写したものといわれていますが、本来の姿から極端に崩れたものが多く、鴨田遺跡のものも、三日月状のものを風車のように十字形に配した絵柄になっています。ただ、多くの絵画土器は弥生時代中期に流行しますが、龍を題材とするものはすべて後期に属しています。この頃は、銅鐸が埋納されるなど農耕の祭りに大きな変化の見られる時期に当たります。こうした時期に新たな絵の題材が加わったということは、農耕の祭りにも新たな思想がもたらされたことを示しているのかもしれません。

台風や地震、干ばつや大雨、害虫の被害など、荒ぶる自然に直面していた当時の人々が、さまざまな神祭りをして豊饒の願いを託したのは当然といえます。この祭りを主催したのが各地の首長層と思われますが、彼らはまた、河川に堰を設け、新たな水路を掘削して人工的に灌漑施設を作り、原野を新たに開発して豊かな恵を人々にもたらし、その力を増大していったものと思われます。しかし、龍を水の神と考える新たな思想の受容は、水田農耕に必要な雨は、人工灌漑を施してもなお、ままならないものだったからなのでしょう。

形代

弥生時代の遺跡からは、剣や矛《ほこ》などを模した武器の形代《かたしろ》が多数出土します。材質は大半が木製ですが、米原市入江内湖遺跡出土の戈《か》のように、鹿の角で作ったものやわずかですが石で作ったもの

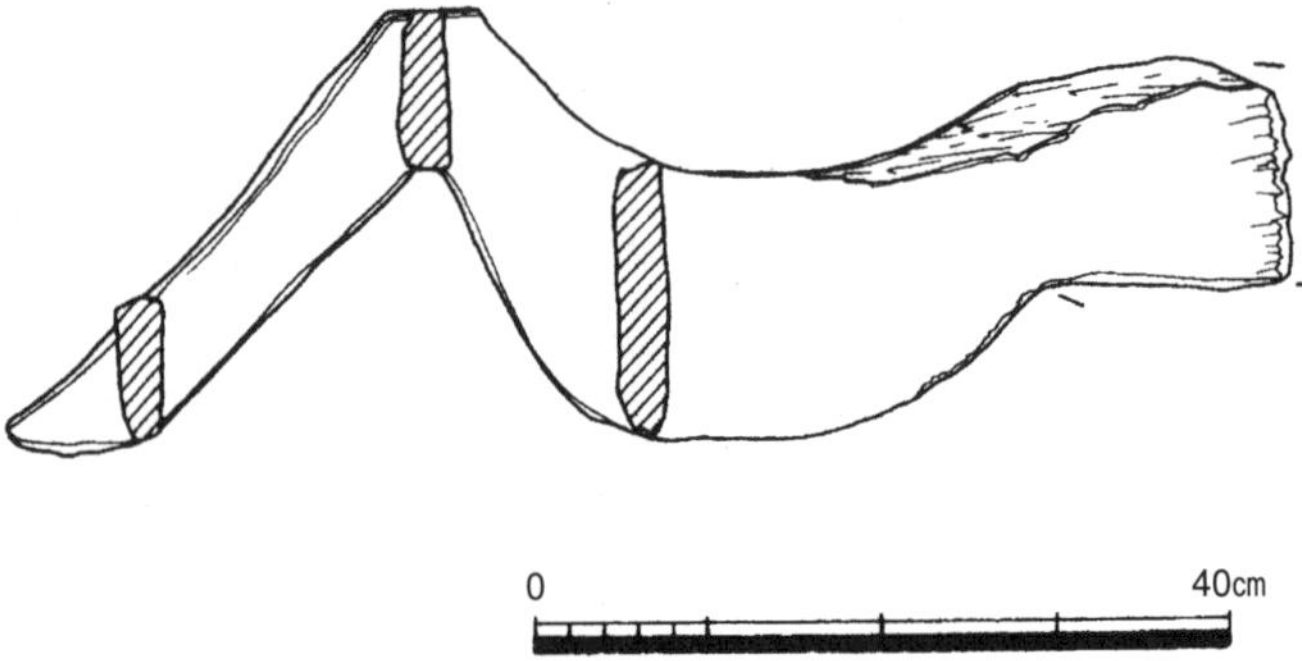

虎姫町五村遺跡出土の鳥形代

もあります。中には穴を開けたものがあり、『日本書紀』の景行《けいこう》天皇条や仲哀《ちゅうあい》天皇条で、天皇の使いを迎える場所や船に立てた賢木《さかき》の枝に、八握剣《やつかのつるぎ》あるいは十握剣《とつかのつるぎ》をかけて飾る記事が見られるように、悪霊の侵入を防ぐため、祭場などに吊り下げて用いられたと思われるものがあります。また、青銅器などにはない長い柄を付けるものがあり、さらに長い竿の先に取り付けて祭場を飾ったのではないかと思われるものもあります。

武器形代には、模擬戦の際に実際に使用されたものも含まれていると思われます。模擬戦は豊饒を予祝する模擬的所作の一つで、古代においても歌謡などからその存在が推察できるといわれています。これは、豊饒をもたらす方が勝利を納めるよう模擬的に戦うことで、その年の豊作を占ったのです。模擬的所作は絵画土器などの絵柄から、早くも弥生時代前期から行われていたと考えられ、水田農耕の伝来と深く関係していると思われることから、この武器形代が模擬戦の存在を示す資料とされているのです。

武器形代は、貴重な鉄や銅を木などに置き換えてもなお、それらが持つ呪力を失うことがないと考えることで生み出されたものです。銅鐸形土製品は家族などで用いられた祭具と考えられていますが、これも貴重な銅製品を土に置き換えてもなお銅鐸の呪力にあやかることができると考えられていたのです。神の使いである鳥の木製品の場合は、本物では飛び去ってしまう鳥を木の鳥に置き換えることにより、意のままに儀式を執り行おうと作られたものかもしれません。

形代の他に、儀式の情景を土器に描き、祭りなどに用いたのも弥生時代が最初だろうと考えられます。長浜市鴨田遺跡や米原市中多良遺跡などの絵画土器は弥生時代の終わり頃から古墳時代にかけての頃のもので、随分と省略され、儀式内容が明確ではありませんが、それでも鳥装の司祭者と考えられる人物、水の神である龍、神の使いとされる鳥など儀式に登場するものたちが描かれています。儀式のようすや登場人物などを土器に描くことで、本来の儀式や模擬的所作に換えることができると考えたのでしょうか。このように弥生時代には、祭りの場や儀式のようす、その道具などが絵に換えられ、木などの形代に置き換えられていったのです。

小銅鐸

近年、栗東市下鈎遺跡から、高さ三・四㎝の最小の銅鐸が出土したことが報じられ、注目を浴びました。集落を取り巻く環濠が埋まったその上層の方で出土しています。特別に埋納したような状態ではなかったようです。これで、野洲市大岩山遺跡から出土した最大の銅鐸と最小のもとが滋賀県から出土したことになります。銅鐸を模造したのではないかとされる一〇㎝前後以下の小銅鐸は、大分県別府《びゅう》遺跡の朝鮮式の小銅鐸を除けば、これまでに三三例が知られています。およそ一遺跡から一点のみ出土しています。下鈎遺跡を始め、いずれも型持たせの穴が見られ、普通の銅鐸と同じように丁寧に鋳造されています。ただ、袈裟襷《けさだすき》文《もん》などの文様は見られません。そのうち半数は千葉・神奈川・静岡東部・福岡・大分県などの銅鐸の分布圏からはずれた地域に分布し、また、大半が、銅鐸がすでに埋納されてしまった頃か、また、その直前頃の弥生時代の後期から古墳時代の前期にかけての遺跡から出土しています。

これに似たものに銅鐸形土製品があります。現在四三例が知られていますが、ほとんどが銅鐸が盛んに用いられていた弥生時代中期から後期前半頃のもので、その分布も銅鐸とほぼ重複しています。また、一遺跡から複数個出土することも珍しくありません。さらに、袈裟襷などの文様を描くものが多く、まさに銅鐸の模造品といえます。

銅鐸が集落から離れた山の斜面などから出土するのに対し、小銅鐸や土製品はともに集落の住居跡や包含層などから出土しています。銅鐸がムラやクニ単位の祭礼に、小銅鐸や土製品が家族などの小単位の祭りに用いられたのではないかとされる大きな要因となっています。土製品の場合は、銅鐸と時期や分布の範囲が重なること、文様に類似のものが見られることなどから、土で模造品を作ることで、銅鐸の持つ呪術的な力にあやかろうとしたことは理解できます。また、一遺跡から複数個出土することから、家族単位で使用されていたものと思われます。小銅鐸の場合にも、住居の床に穴を掘り、銅鐸と同様に、鰭《ひれ》を上に向けて埋納された例があります。しかし、小銅鐸には、銅鐸の祭りがすでに行われていない時期のものや銅鐸を用いた祭りの習慣のない地域から出土したり、木棺墓などの埋葬に伴うものなども多く、単なる銅鐸の模造でないものも多いように思われます。一遺跡からの出土数から、

栗東市下鈎遺跡出土のわが国最小の銅鐸（高さ3.4㎝）（滋賀県教育委員会蔵）

ムラの中の特定の個人のために作られた可能性もあり、その特定の個人のために、例えば、家の出入り口などにぶら下げたり身につけたりして、その音色などで悪霊の侵入を防ぐ護符のような用途のために製作されたのではないでしょうか。

弥生的祭りの終焉

銅鐸の埋納

弥生時代の後期になると、弥生時代の祭りを特徴付けてきたさまざまな道具がその姿を消し始めます。瀬戸内海沿岸地域を中心に分布していた分銅形土製品、近畿・東海・中国地方などを中心とした銅鐸形土製品、近畿地方から中国地方にかけての地域でよく出土する絵画土器などが作られなくなったり、また、記号化するなど本来の意味がわからなくなるほどに形骸化していくのです。近江においても、もっとも近江らしい祭りの道具であった木偶が姿を消すようになります。畿内地域からの影響を受けた絵画土器も本来の絵柄からかけ離れたようなものとなっています。こうしたよ

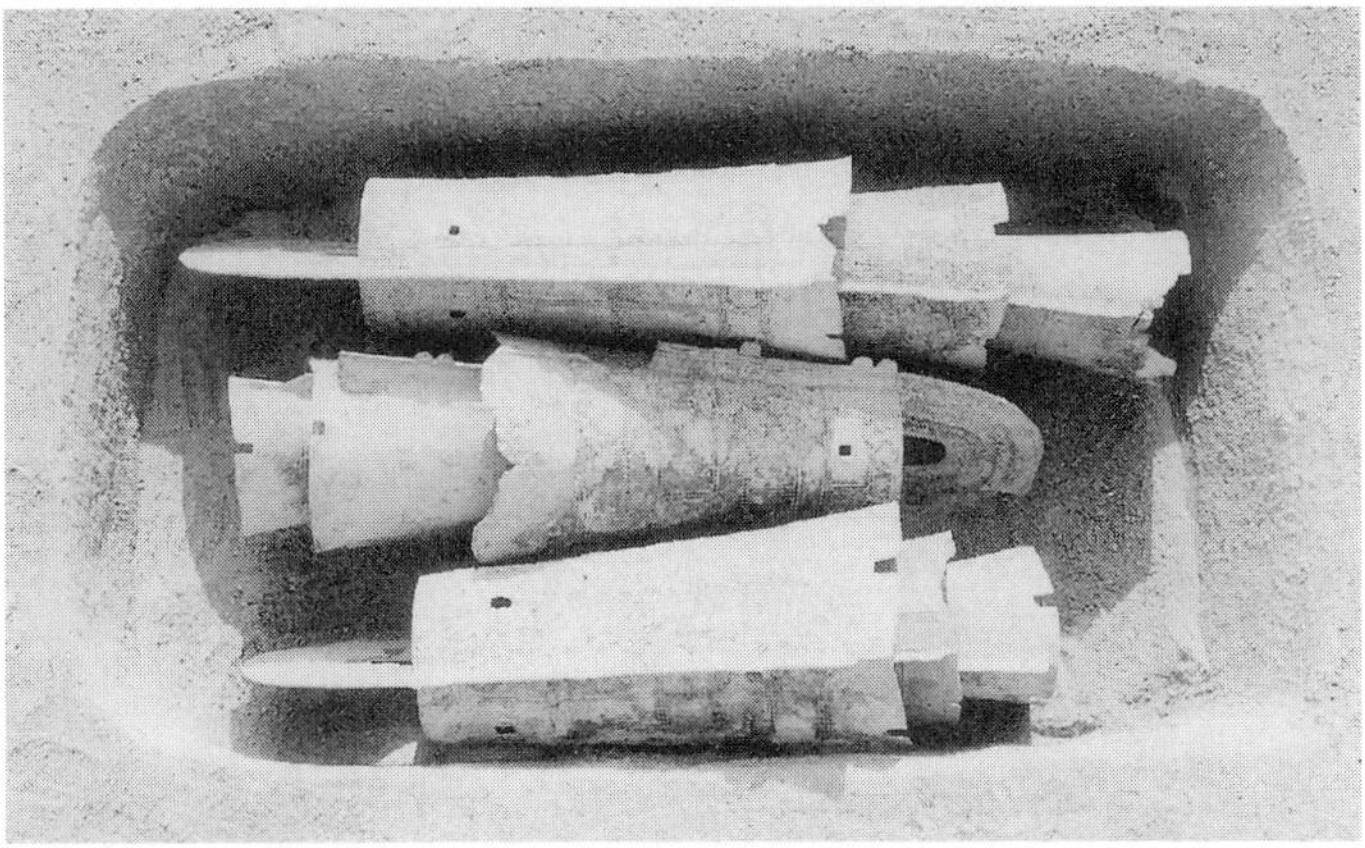

野洲市大岩山遺跡から出土した銅鐸の埋納状況の復元（滋賀県立安土城考古博物館提供）

うすをより一層顕著に示しているのが銅鐸の埋納だと考えられます。

野洲市大岩山遺跡からは、戦前戦後を通じて二四口もの銅鐸が出土しており、このうち一〇口が名神高速道路建設のための土取り工事中に見つかっています。正確な出土状態はわからなかったのですが、発見した工事関係者からの聞き取り調査や、銅鐸に付いている土の状況などから、九口がまとまって出土し、一口はそれらから少し離れたところから見つかっていること、まとまって出土した九口は三口ずつが入れ子の状態であったこと、それらが頭部分を交互にして三列に並べられていたこと、鰭《ひれ》の部分が上下になるように置かれていたこと、そして、このような状態で、山の斜面に掘られた大きな穴の中に納められていたことなどが明らかになりました。銅鐸の多くはこのように、人里離れたところから発見され、鰭を上下にした一定の方法で埋納されています。この銅鐸が埋納された時期について、弥生的な祭りの道具が姿を消し始める頃の後期後半と巨大な古墳が出現し始める終末から古墳時代の始め頃の二時期と考えられています。

祭りは、それを通してムラやクニを統制する役割をもっていることから、それを司祭する人の力は強大化し、政治的にも重要な地位を占めるようになります。人々の願いを一身に受けて祭りを執り行ってきた司祭者は、その力を利用して祭りそのものも変化させます。やがて、祭りの主役が神ではなく、司祭者へと移り、司祭権を持つものが首長として君臨し、巨大な古墳を出現させるようになるのです。銅鐸の埋納は、こうした社会情勢が大きく変化する時期にあたっており、そのことを反映した弥生的祭りの終焉を意味していると考えられるのです。

古墳時代への胎動

野洲市大岩山遺跡から出土した二四口の銅鐸の中に、高さ一三四・七㎝を計る日本最大の銅鐸があります。弥生時代後期になると、銅剣や銅矛などと同じように銅鐸も大型化していきます。その過程で、銅鐸の釣り手の部分にあたる鈕《ちゅう》が装飾的なものへと変化し、鐸身にも太くて高い突線と呼ぶ直線を多く用いた装飾が施され、鈕や鰭の外側に渦巻き文で飾った耳飾りを付けるなど、「聞く」という実用性から離れて、大きくて装飾性豊かな「見る」銅鐸へと変わっていきます。大岩山出土の最大の銅鐸もこうした流れの中で製作されたものといえます。祭りを司祭する人の力が強大化する中で、その力を利用して祭りそのものを変化させていったと考えられますが、銅鐸を始めとする青銅祭器の大型化は、そうしたことを象徴するものといえます。

このような象徴的な銅鐸を埋納することの意味は、司祭者、すなわち首長を中心とした新たな祭りを人々に示すため、伝統的な祭りを否定することにあったのではないでしょうか。銅鐸は弥生時代の終わり頃に再び埋納されます。この頃には、首長の新たな権力の象徴として、銅鏡を納めた巨大な墓である古墳が造られ始めます。形式的であれ、人々の願いを一身に受け、銅鐸を使って執り行ってきた豊饒を祈る弥生的な祭りがこの時に完全に消えさり、新たに首長権の継承儀礼を中心とする古墳時代の祭りが確立していくのです。銅鐸の祭りが首長の司祭する祭りから完全に消え去ったことを示すものに、守山市下長《しもなが》遺跡から出土した銅鐸の飾り耳の小片があります。この飾り耳を持つ銅鐸は最も新しい形式のもので、弥生時代後期に作られたものと考えられます。下長遺跡は弥生時代中期から古墳時代前期の集落跡で、飾り耳は古墳時代前期の溝の底から見つかっています。つまり、弥生時代後期にムラあるいはクニの祭りのために作られた銅鐸が、古墳時代の初めには打ち欠かれ、小片でも最もよく銅鐸の特徴を示す飾り耳部分だけが切り取られて人々の護符として用いられているのです。すなわち、銅鐸が打ち欠かれるほどに本来の役割を失ってしまった証拠といえるのです。しかし弥生的な祭りは、古墳時代に入っても、なお、一般の人々の間には連綿と生き残っていくのです。

古墳時代の祭り

弥生的祭祀具の変貌

破砕鏡

守山市下長遺跡から出土した銅鐸の飾り耳は、二つの丸い頭があり、渦巻き文を描いているところから双頭渦文《そうとううずまきもん》飾り耳と呼んでいます。これは、最も新しい形式の銅鐸の吊り手部分につく装飾で、飾り耳の大きさから高さが約七〇㎝ほどの銅鐸だったようです。このような飾り耳だけの発見は、全国で七例ほどが知られています。飾り耳は、最もよく銅鐸の一部であったことがわかる部分で、意識的に打ち欠き、護符などに用いる風習のあったことが知れると思います。

同じような青銅製品の破片に呪力を認めようとするものに、銅鏡の破片があります。鏡片が単なる破片でなく、意識的に利用されていたものであることは、二次加工が施されているものや、墓の副葬品として納められている例などが多数あることからわかります。滋賀県では、東近江市斗西《とのにし》遺跡や守山市大洲《おおす》遺跡、多賀町木曽遺跡、大津市上高砂《かみたかさご》遺跡などの例が知られています。斗西遺跡のものは、古墳時代の初期の頃の自然河川に設けられた梁《やな》の遺構に伴って出土しています。バチの形をしており、割れた部分を磨いて、内区側の端をくびれさせ、紐で結んで吊り下げられるように形を整えています。この鏡片のもとの鏡は、子孫の繁栄を願う「長宜子孫《ちょうぎしそん》」の銘を持つ内行花文鏡《ないこうかもんきょう》で、中国の後漢の鏡といわれています。上高砂遺跡のものは方格規矩鏡《ほうかくきくきょう》の小破片で、井戸から出土しています。木曽遺跡のものは集落跡からの出土で、小型仿製鏡の鈕の部分を残した三分の一ほどのものです。鈕を残しているのはやはり吊り下げることを意識してのものなのでしょう。

東近江市斗西遺跡出土の破砕鏡

　これまで知られている鏡片は、弥生時代末頃から古墳時代前期頃までの間で、北部九州や畿内を始め西日本を中心に、その多くは墓の副葬品として見つかっています。滋賀県の例はいずれも集落やそれと関連する遺跡からの出土で、集落での祭祀にも用いられていたことを示しています。副葬品や祭祀品としての鏡の利用は、すでに弥生時代の早い段階から知られていますが、破片を用いることはありませんでした。祭祀品のなかには、縄文時代の土偶や弥生時代の分銅形土製品などのように完全な形で見つかることの少ないものがあります。しかしこれらは祭祀を行う過程で割られたと考えられるものです。鏡片のように割ったものを祭具として利用するのは、銅鐸の破片を含めて弥生時代の終わり頃の現象です。この頃に祭祀のあり方に大きな変化が生まれ始めたと考えられる一つの証といえるでしょう。

銅鏃

巨大な墳丘を作り上げた前期古墳には、多種多様な副葬品が大量に納められています。例えば、東近江市雪野山古墳では、竪穴式石室の中に大きな木棺が納められ、棺内とその周囲に銅鏡、石製品、玉類、農工漁具、武器、武具、土器、竪櫛、合子《ごうす》（ふた付きの小さな容器）、その他漆塗り製品など多数の副葬品が納められていました。これらの中には、弥生時代に用いられていた装身具や武器などの実用具が、古墳時代になって副葬品や祭具のための非実用的なものとして形を変えていったものが含まれています。その一つに銅鏃《どうぞく》（青銅製の鏃《やじり》）があります。雪野山古墳からは棺内から三〇本、棺外から六六本もの銅鏃が出土しています。この数は、奈良県の東大寺山古墳の二六〇本以上には及びませんが、京都府の妙見山古墳の一〇六本に次ぐ四番目の出土量を誇っています。これらは靫《ゆき》と呼んでいる矢を入れて背負う道具に入れて納められていました。同じ頃に築造されている安土町瓢箪山古墳からも三〇本の銅鏃が出土しており、前期古墳の典型的な副葬品のうちの一つなのです。古墳時代の銅鏃は、すでに非実用的なもので、古墳の副葬品としてのみに生産されているのです。

銅鏃は、弥生時代前期に北部九州で輸入品が出土していますが、後期になると国内で大量に生産されるようになります。この頃は国内統一に向けての倭国大乱の時期に当たっており、武器や武具に対する需要が極めて高くなったと考えられます。主要な武器はすでに石から鉄に変わっており、鏃《やじり》も鉄製のものが用いられています。しかし、武器に対する需要は想像以上に高く、輸入に頼っている鉄だけでは到底足らなかったのでしょう。特に消耗品的な鏃については、主に銅鐸などの祭具原料であった銅をも用いるようになります。実用的な銅鏃は、古墳時代の初頭頃、大乱がおさまるとともにその役目を終えます。しかし、古墳を造り始めた首長たちにとっては、鉄鏃とともに銅鏃も大乱の記憶の中にあり、その模造品を作って副葬品の一つとしていったのです。

腕飾類

八日市市雪野山古墳や安土町瓢箪山古墳、また、時期的に少し下る草津市北谷十一号墳や栗東市下味《したみ》古墳などの古墳時代前期から中期初頭頃の古墳には、鍬形石《くわがたいし》、車輪石《しゃりんせき》、石釧などと呼んでいる腕飾形の石製品が副葬されています。雪野山古墳からはさらに、琴柱《ことじ》形石製品や紡錘車《ぼうすいしゃ》形の石製品

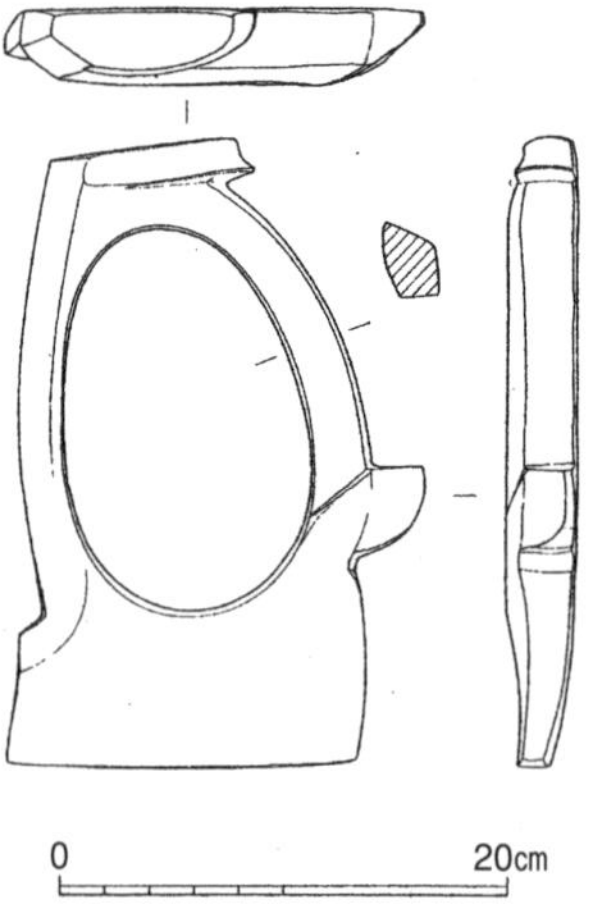

東近江市雪野山古墳出土の鍬形石

なども出土しています。石製品はこの他に、石製鏃、筒形石製品、合子《ごうす》などと呼んでいるものが知られています。滋賀県からは合子が長浜市鴨田遺跡や栗東市辻遺跡、筒形石製品や石釧が辻遺跡などの一般集落や生産遺跡から出土しています。また、福岡県沖ノ島遺跡や奈良県石上《いそのかみ》神社禁足地など、前期古墳と同じ頃の祭祀遺跡においても、古墳の副葬品と同様の石製品が供献されています。

これら石製品は、鍬形石がゴホウラなどの大型の巻貝を縦に切って作った貝製の腕輪を模したもの、車輪石がカサガイ製の貝輪を写したものといわれています。琴柱形石製品や筒形石製品も玉杖の飾りを写しており、石製鏃も同様で、やはりこれらも模造品なのです。これら模造品はいずれも緑色凝灰岩を含む緑色の石で、碧玉《へきぎょく》と呼んでいる石材で作られており、その原石は北陸や出雲地方などで産出されるものが使われています。こうした碧玉の石材を利用した製品は早くも弥生時代の管玉などに見られますが、実際に着装する実用性のあるもので、非実用的な石製の模造品は弥生時代にはほとんど見られないといってよいでしょう。従って、石製鏃は前期、他の碧玉製の模造品は前期から中期初頭頃の古墳の副葬品や祭祀を特徴づけるものということができると思います。

こうした古墳時代前期を特徴づける祭具も、特に腕飾形石製品が模した貝輪は縄文時代から発達したもので、弥生時代にも着装した状態で出土しています。貝輪は、さらに古墳時代にも引き続き製作され、古墳の副葬品として出土することがありますす。しかし、遺体の腕の部分から装着していたような状態で出土することはなく、むしろ、雪野山古墳や瓢箪山古墳などの石製腕飾類が銅鏡とともに頭の上に置かれるように、宝器的な扱いを受けており、腕輪としての意識は少なかったようです。

縄文時代や弥生時代にあっても、その材料である南海産の大型の巻き貝などは希少価値を持ち、宝器的なものである点は同じなのですが、古墳時代には多くが石製の模造品に置き換えられ、さらに、権威を象徴するものの一つに変貌していくのです。

王権と玉作り

石製模造品

実用的な武器や農工具などを葬送の儀礼や祭りで執り行う儀式のために別の材料で作る習慣は、

すでに弥生時代にも見ることができます。弥生時代では、その材料はほとんどが木や土で、戈、矛、剣、刀、鏃などの武器類が最も多く、刀子《とうす》(小型の刀)、鑿《のみ》、鉇《やりがんな》などの工具類、儀仗などの儀式用具、その他に、船、人形、鳥、珍しいところで、猪、蛙などの動物や銅鐸かと思われるものなどがあります。これらは、豊作を願って、あらかじめ豊作のようすを模倣する予祝と呼ぶ行事や吉凶を占う模擬戦などの祭祀に用いられた道具だと思われています。また、吊り下げられるようになっているものもあり、『日本書紀』の景行天皇条や仲哀天皇条などに見られるように、祭りの場の木や棹などにかけて飾って用いたものもあったと思われます。

古墳時代に入ると、こうした祭りの道具に新たに石製の模造品が加わります。古墳時代前期には、北陸地方の緑色凝灰岩や出雲地方の碧玉を使った鍬形石、車輪石、石釧などの腕飾類、琴柱形石製品、紡錘車、合子、鏃、筒形石製品などが、畿内を中心とする王たちの古墳の副葬品やクニの規模の祭りの道具として製作され、畿内の王権によって、葬送儀礼を含めた祭祀の新たな形が形成されていきます。しかしこの頃にはなお、武器や船などの木製模造品や動物形やミニチュア土器などの土製品が一般の集落や祭祀遺跡と思われるところから数多く出土しています。すなわち、弥生時代に始まった豊作を祈る祭りの伝統が、その道具とともに、一般の人々の間には連綿と引き継がれていて、畿内の王権の祭祀の形が、まだ、確立したものとはなっていなかったことを物語っています。

古墳時代中期になると、碧玉などを材料とした特殊な祭りの道具だけではなく、木や土で作ってきたこれらの祭りの道具も、石で作られるようになります。その材料には滑石が選ばれています。草津市北谷十一号墳出土の五個の鍬形石の内の一点がそうであるように、滑石は前期から玉類などの材料として用いられていますが、その量は全体の数%にすぎません。大半が王たちの特殊な祭具を作るための碧玉や緑色凝灰岩が占めていたのです。ところが中期にはその割合が逆転するとともに、滑石製の模造品が各地の集落でも生産されるようになり、全国的な規模で拡大し、祭りの道具として普遍的なものになっていくのです。滋賀県でも、古墳時代中期に、野洲川流域を中心に玉作りに関係する遺跡が急増します。

玉作り工房

古墳時代中期以降には、滑石製の模造品が古墳や祭祀遺跡だけではなく、全国各地の一般の集落跡からも出土するようになります。このことは、集落内での一般の人々の祭りにも滑石製模造品が用いられるようになったことを示しています。また、滋賀県でも一五以上の集落跡から、いずれも玉作りの工房と考えられる竪穴住居が見つかっています。製品の他に、原石や未製品、加工の過程で生じるチップ、玉砥石などの道具などが出土していて、それぞれの集落内に玉作りに携わる集団が存在していたことをも知ることができます。

玉作りに関係する遺跡は、前期のものも二、三確認していますが、いずれも装飾品としての玉類の生産に携わっているものです。模造品の生産に関係すると考えられる遺跡が急増するのは中期以降なのです。その主な生産品は滑石製の模造品で、生産地域は、今のところ、守山市、栗東市、野洲市、草津市など野洲川の流域に集中しています。滑石という原料の調達には当然畿内の王権が密接に関わっていたと考えられ、この供給を受けることのできた野洲川流域の王たちが一手に生産に携わり、県内各地に流通させていたものと思われます。

このようすは滋賀県だけにとどまらず、全国各地で見ることができます。古墳時代前期には、畿内の王権が、畿内およびその周辺の王たちの権威を象徴するための手段の一つとして、北陸や出雲から供給される緑色凝灰岩や碧玉を材料にした石製品を生み出し、葬送儀礼を含む祭りの道具としてきました。しかし、豊作を中心とした一般の人々のさまざまな祈りについては、依然、木製や土製の模造品を中心とする祭りの道具が用いられているように、弥生時代の伝統が根強く定着していたと考えられます。王権の祭祀の形が浸透していくためには、まだその力は十分でなかったのです。従って、古墳時代中期になってからの滑石製模造品の生産とその浸透のようすから、畿内の王権の力が全国規模で行き渡るとともに、王権の祭りの形態がここにきて確立し、それが全国に波及し、一般の人々の祭りの間にも浸透していったと考えることができるのではないでしょうか。

滑石製模造品

農耕具・武器・紡織具――副葬品と祭祀具の変化

滑石は、古墳時代前期の終わり頃に、碧玉や緑色凝灰岩とともに、腕飾類や琴柱形石製品、玉類などの製作に用いられていますが、本格的に用いられるようになったのは中期になってからで、古墳の副葬品や各種の祭祀のために大量に生産され、用いられるようになります。滑石は非常に硬度の低い鉱物であるため、非常に加工しやすい石材なのです。滑石で製作される模造品は、鏡と思われる有孔円盤、勾玉、管玉、臼玉などの装身具、紡錘車を始め各種の紡織具、刀子、斧、鑿、鉇などの工具、鎌、鋤などの農具、剣、子持勾玉、下駄、船など多岐にわたります。前期の碧玉などで作られる呪術的・宝器的なものがほとんど姿を消すのもこの頃の大きな特徴になっています。さらに際だった特徴は、古墳の副葬品としては、玉類、農工具類、紡織具などに限られ、有孔円盤、剣、子持勾玉、船などを伴うことがほとんどないことです。前期古墳の副葬品を見ると、例えば東近江市雪野山古墳では、銅鏡、石製腕飾類、玉類、農工具類、紡錘車、武器、武具等々が出土しています。これらは、石製腕飾類などを除けばいずれも実用品として使用できるものが副葬品として納められています。中期には、こうした副葬品の中で、主に、王たちに貢納されるべき農産物や工芸品、

長浜市柿田遺跡出土の滑石製刀子（滋賀県教育委員会蔵）

織物などの生産用具である農・工・紡織具類だけに滑石製の模造品が作られているのです。

中期の古墳には、滑石製の模造品だけでなく、鉄製のミニチュア農工具などが副葬されることもあります。この頃は鉄製の農工具類が普及し始め、農地開発などの土木技術や馬具や武器、武具などに見る金属工芸、織物技術などが飛躍的に進歩した時期です。このこととこれらの生産用具の形代が作られるようになることと大きな関係があるように思われます。一方、王たちの威武をただす要素の強い銅鏡や武器・武具類については、これを形代に換えることは少なかったのです。

副葬品としての滑石製模造品には、規模や形状はデフォルメされていますが、非常に精巧に作られているものを見ることができます。しかし、祭祀品は、玉類は扁平で、刀子なども刀身と鞘《さや》を区別しないなど、多くは簡略的に作られています。滑石製模造品は、前期副葬品の宝器的・呪術的な石製品とは異なり、大量に作られる性格のものだったようです。

鏡・剣・玉——国家的祭祀の形成

古墳時代前期では、奈良県石上神宮《いそのかみ》禁足地や福岡県沖ノ島遺跡などの祭祀遺跡から出土する奉祭品には、同じ頃の古墳の副葬品と何ら変わることのないものが用いられています。石製品についても鍬形石などの腕飾類や琴柱形石製品などが奉祭品として出土しています。しかし、中期の一般的な祭祀遺跡からは、古墳の副葬品に見られる農工具類の滑石製模造品が出土することは極めてまれで、有孔円盤、剣、刀子、勾玉、臼玉、管玉、紡錘車などに限られているのです。このことは、中期には、王たちの行う葬送の儀礼と豊作祈願や悪霊の侵入を防ぐなどの神祭りとが明らかに分離されていたことを物語っています。

そうした中で、祭祀遺跡や生産遺跡からの出土品は、有孔円盤、剣、玉類の三種類が大半を占めています。これら模造品のほとんどは板状で薄く、小さいものでは一cmに満たないものがあり、大きくても五cm前後と小さく作られ、吊り下げられるように小さな穴が開けられています。有孔円盤はボタンのように二つの穴が開けられているものが多く、中には一つのものもあります。これは紐を通す鈕《ちゅう》（つまみの部分）を表していると考えられ、鏡の模造品と思われます。剣は、菱形状あるいは三角形に近く、一方を長くして剣先とし、他方を短くして柄を表現した簡略なもので、吊り下げる穴は柄にあたる部分に開けられています。玉類は勾玉、管玉、臼玉などが大半を占めます。

ところで、『日本書紀』の景行天皇十二年条に、天皇を迎えるため、賢木《さかき》の上枝に八握剣を、中

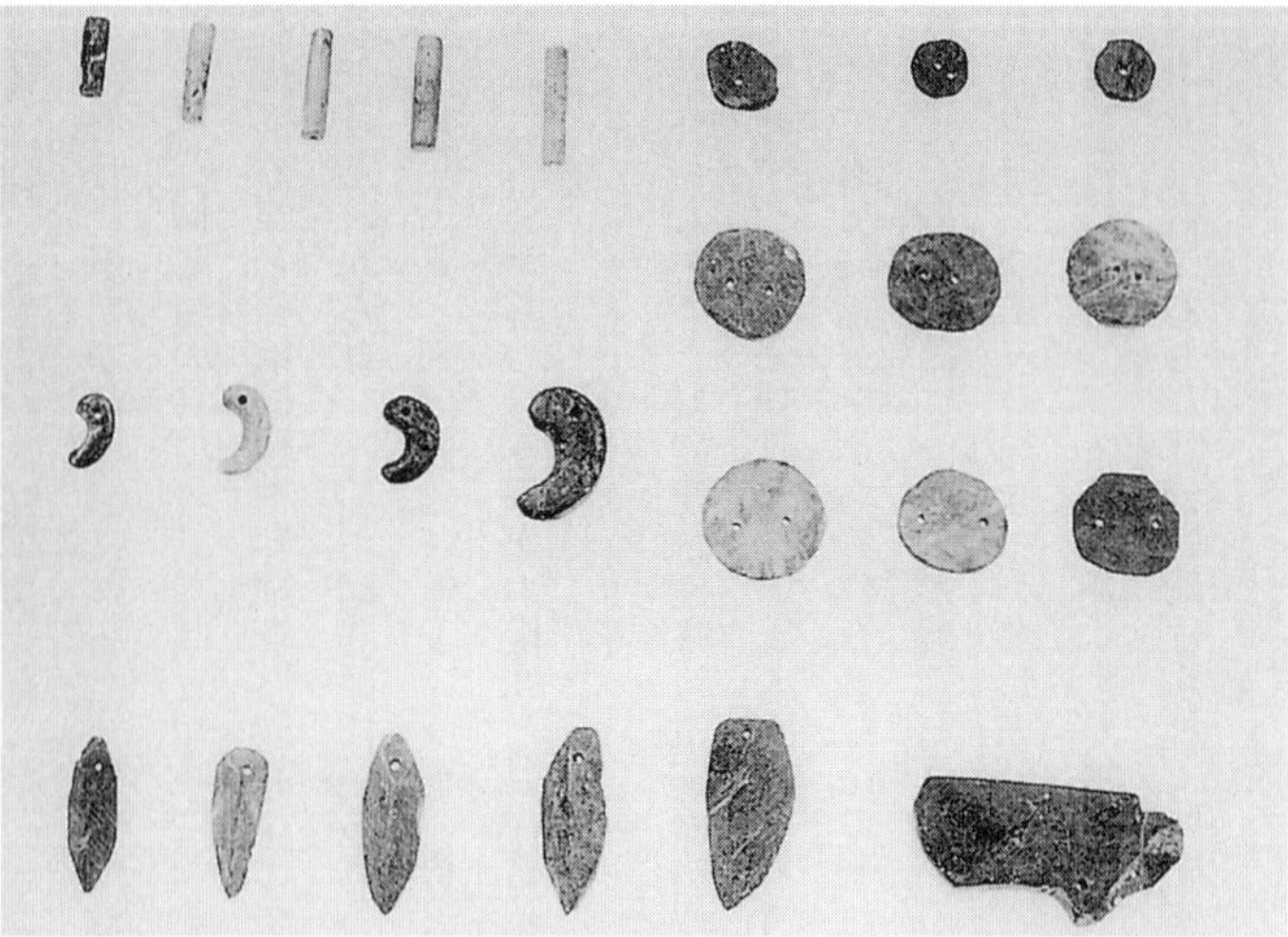

守山市播磨田東遺跡出土の滑石製有孔円盤（鏡）・剣・玉（守山市教育委員会蔵）

枝に八咫鏡《やたのかがみ》を、下枝に八尺瓊《やさかのに》をかけて神に祈ることが書かれています。同じような話が神代《じんだい》紀《き》第七段や仲哀天皇八年条などにも見られます。八尺瓊は大きな玉のことで、剣と鏡と玉が賢木に吊り下げられ、神祭りをしたことが伺えます。また、神代紀には「八尺瓊の五百箇の御《み》統《すまる》を懸け」とあり、玉類は勾玉や管玉などを緒に通して輪にしたものを懸けていたことがわかります。先に述べた滑石製模造品の特徴と『日本書紀』の記事を比べてみると、きわめてよく符合していることがわかります。すなわち、滑石製模造品の特徴は、王たちの葬送儀礼と神祭りとの分離を示すとともに、統一国家の形成に向けて、鏡、剣、玉のいわゆる後世にいう三種の神器を用いた共通した祭りを全国的に拡大させていったことをよく物語っているのです。

滑石製模造品は後期にはほとんどその姿を消してしまいます。

木製模造品

農耕祭具

滑石製の模造品は、鏡、玉類、武器、紡織具、農工具など多岐に及びます。これらは、実物に代えて用いられるいわゆる形代《かたしろ》なのです。形代は弥生時代以来現在でもなお製作され、用いられています。その材質は、弥生時代では主に木と土を使用し、古墳時代に入って碧玉や滑石などの石材が加わり、奈良時代には金属製の形代も作られ、江戸時代には紙や布を用いた形代も知られています。このうち石材の場合、特に古墳時代では、前期の碧玉や緑色凝灰岩が、貝輪を模した腕飾類など古墳の副葬品や国家的な祭祀の奉祭品として、宝器的、呪術的なものに、中期の滑石が、古墳の副葬品としての農工具および紡織具などの模造品の製作に、また、豊饒を祈り悪霊の侵入を防ぐなどの一般的な神祭りには、鏡、剣、玉類の模造品の製作に当てられているように、きわめて限定した使

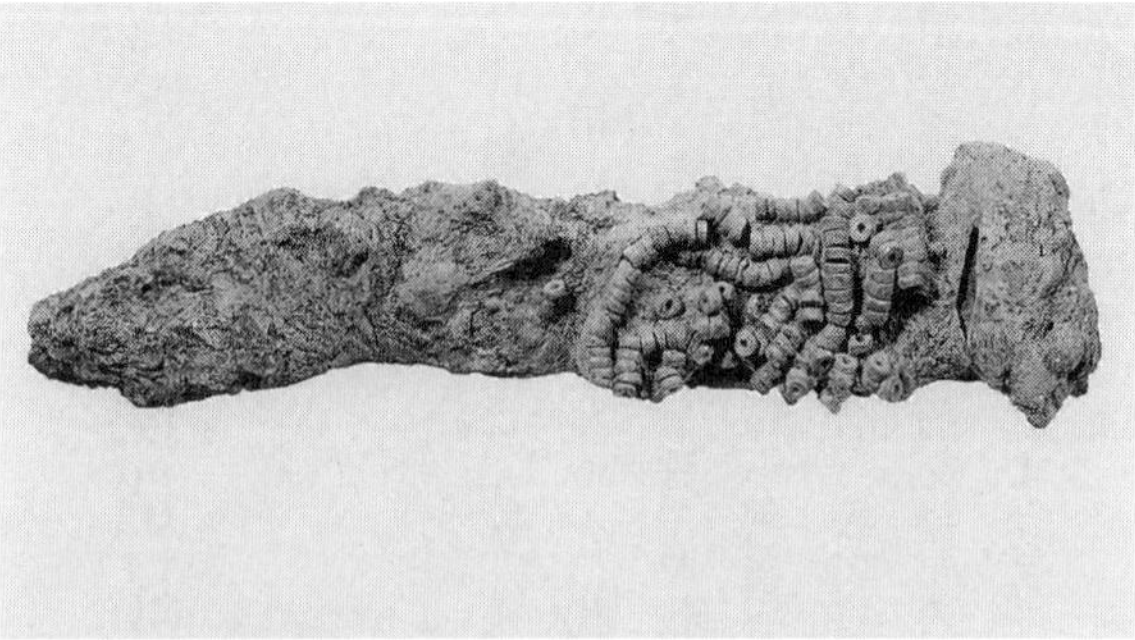

近江八幡市勧学院遺跡出土の滑石製小玉を巻き付けた鉄製鎌
（滋賀県教育委員会蔵）

用の仕方をしています。

一方、木製の場合は、剣、刀、鏃、船、男根、鳥などさまざまなものを作り、紡織具のミニチュアが出土した遺跡もあります。近江を特徴づけていた木偶はすでに姿を消していますが、弥生時代の伝統をほぼそのまま受け継いでいます。ただ、農工具類の形代と断定できるものがほとんど見られないことが大きな特徴となっています。例えば、古墳時代前期の農具や容器など多種多量の木製品が出土している米原市入江内湖遺跡では、剣や刀、船などの木製の模造品はありましたが、農工具類の形代といえるものが出土していないのです。

滑石製模造品のほとんどがミニチュアであり、木製の船形や希有な紡織具も同様であるのに対し、木製の鳥形や武器類に関してはほとんどが実物の大きさの模造品なのです。武器形は、豊饒の吉凶を占うための模擬戦に使用するために、穀霊を運び、悪霊の侵入を防ぐ鳥は、ムラの門の上や高い棹の上に据えるために、いずれも同じ大きさの形代を必要としたのです。また、民俗事例などに見られる予祝に、田おこしから収穫までの動作を模擬的に行い、実際その通りに豊饒を迎えられるように祈る行事があります。この場合に用いられる鋤や鍬などの農具は、実物あるいは実大の模造品が用いられています。入江内湖遺跡からは大量の農具が出土しており、これらの中にはこうした予祝に用いられたものも存在するのではないでしょうか。祭具には、神前に奉祭するミニチュアと模擬的所作などに用いる実物あるいは実大の模造品があったのではないでしょうか。

舟形祭具

米原市入江内湖遺跡から古墳時代前期の木製品が豊富に出土しています。祭祀関係の資料としては、剣・刀形代、ミニチュアの船、直弧文《ちょっこもん》（直線と弧線を組み合わせた呪術的文様）を施したものなどがあります。この中の船形代は、弥生時代から作られ始めますが、古墳時代以降のものが大半を占めています。古墳時代のものは全国で二六遺跡で五十数例が確認されています。琵琶湖を抱えた滋賀県ではそのうち四遺跡で一二例が知られています。そのほとんどは船首と船尾が同じ形の鰹節形のもので、丸木舟を模したものと思われます。入江内湖遺跡や東近江市斗西遺跡、京都府や福岡県など数例ですが、より進歩した構造を持つ準構造船を模したものも見られます。

ところで、『日本書紀』や『古事記』、『風土記』などには船に関する数多くの記事が見られます。その中の『古事記』上巻の建御雷神《たけみかずちのかみ》の項に、「天鳥船神《あまのとりふねのかみ》を建御雷神に副えて遣はしたまいき」とあ

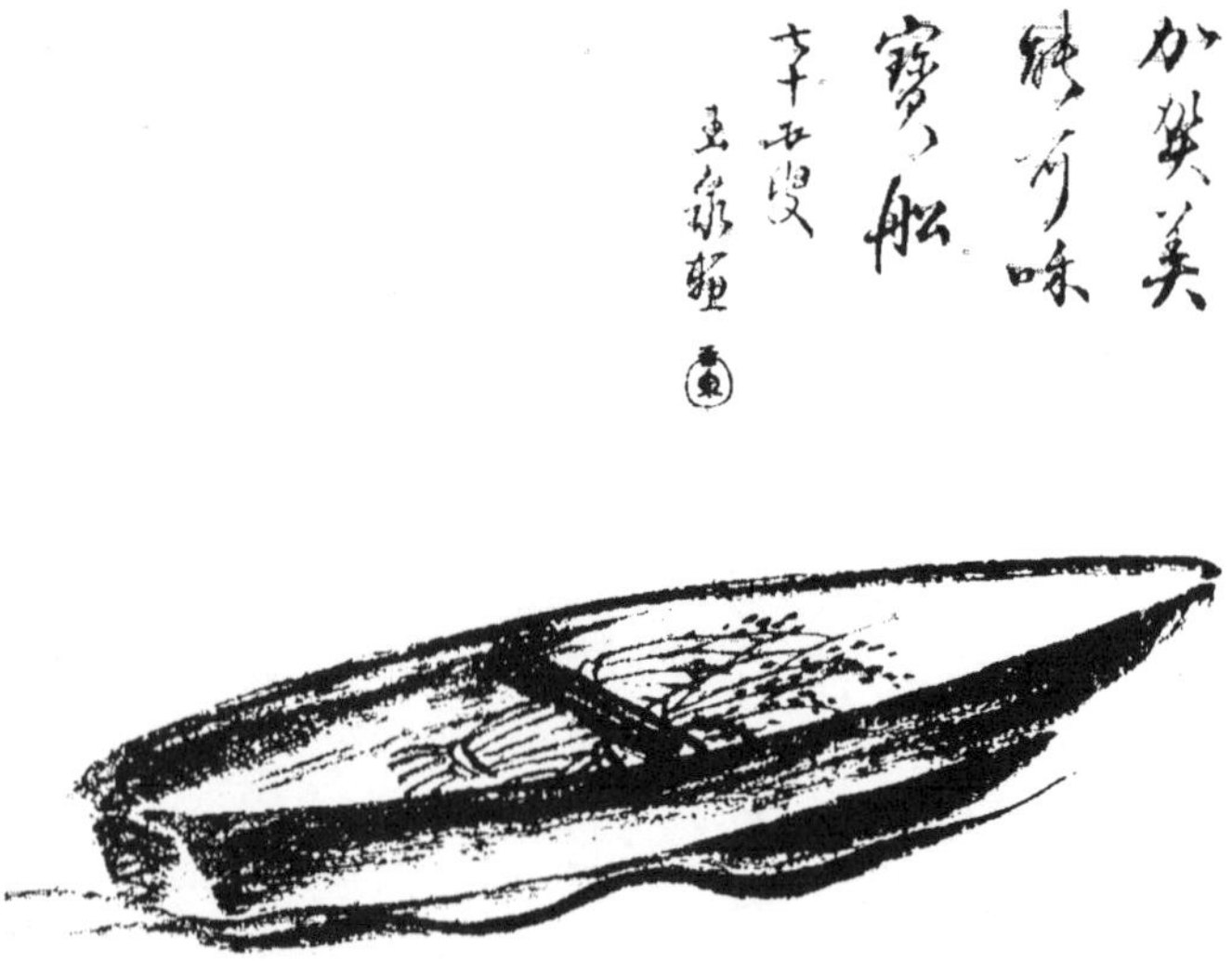

宝船絵画（八尾市歴史民俗資料館蔵）

ります。これは、雷は船に乗って天空と地上を行き来するという信仰が基になった説話です。鳥は、神の使いとして天空をも海上をも通うものであるところから付けられています。また、『常《ひ》陸《たち》風土記』の香島郡に、水上交通の神を祭る鹿島神宮の御舟祭りの縁起を記す部分に、浜辺にある別宮の津の宮に「新に舟三隻、各、長さ二丈余なるを造らしめて、初めて献《たてまつ》りき」とあります。この場合は、全長六mほどの実物が献上されています。

　海上交通の国家的な祭祀場と考えられる福岡県沖の島遺跡からは多数の滑石製ミニチュア船形代が出土しています。弥生時代の絵画土器には船を題材にしたものが比較的多く見られます。土器には種籾が保管され、海の彼方の神の国から舟で穀霊神を迎え入れ、その年の豊作を祈ったのではないでしょうか。

江戸時代以降の風習と思われますが、正月の初夢を見るため、枕の下に敷く宝船の絵があります。その絵柄の中に、田舟に稲穂を乗せただけの簡単なものがあります。宝船はもともと豊作を祈る余祝に使われたものらしく、このように船に稲穂を乗せて行事を行っていたものと思われます。船形代も宝船のように、稲穂を乗せて神前に供えたのかも知れません。

船形代は、古墳時代前期頃には一般集落から出土することが多いのですが、中期頃には水辺の祭祀遺跡から出土する例が増え、後期以降にはそのことがもっと明確になるといわれています。豊作や水上交通の安全祈願などの他に、災厄を船に乗せて河川や溝に流すこともすでに行われていたのでしょう。

武器形祭具

武器を模倣した木製品は、古墳時代の全期間を通じて県内各地から出土しています。特に前期の遺跡を中心とし、中期から後期にかけての頃になると比較的少なくなっています。剣よりも刀が中心で、刀子や鏃なども見られます。弥生時代に多かった矛はあまり見かけません。また、槍も特定できるものを知りません。

数少ない剣形代で、米原市入江内湖遺跡のものは、両刃の身の部分を強調し、柄の部分を先細りにして終わらせる単純なものとなっています。一方、鞘尻《さやじり》と口金具《くちかなぐ》を表した鞘に入った状態で、柄にも装飾を施したものが守山市服部遺跡から出土しています。

刀形代では長浜市鴨田・大戌亥《おおいぬい》遺跡の片関《まち》の直刀の一点は、柄が、背の側を直線的に、刃の側

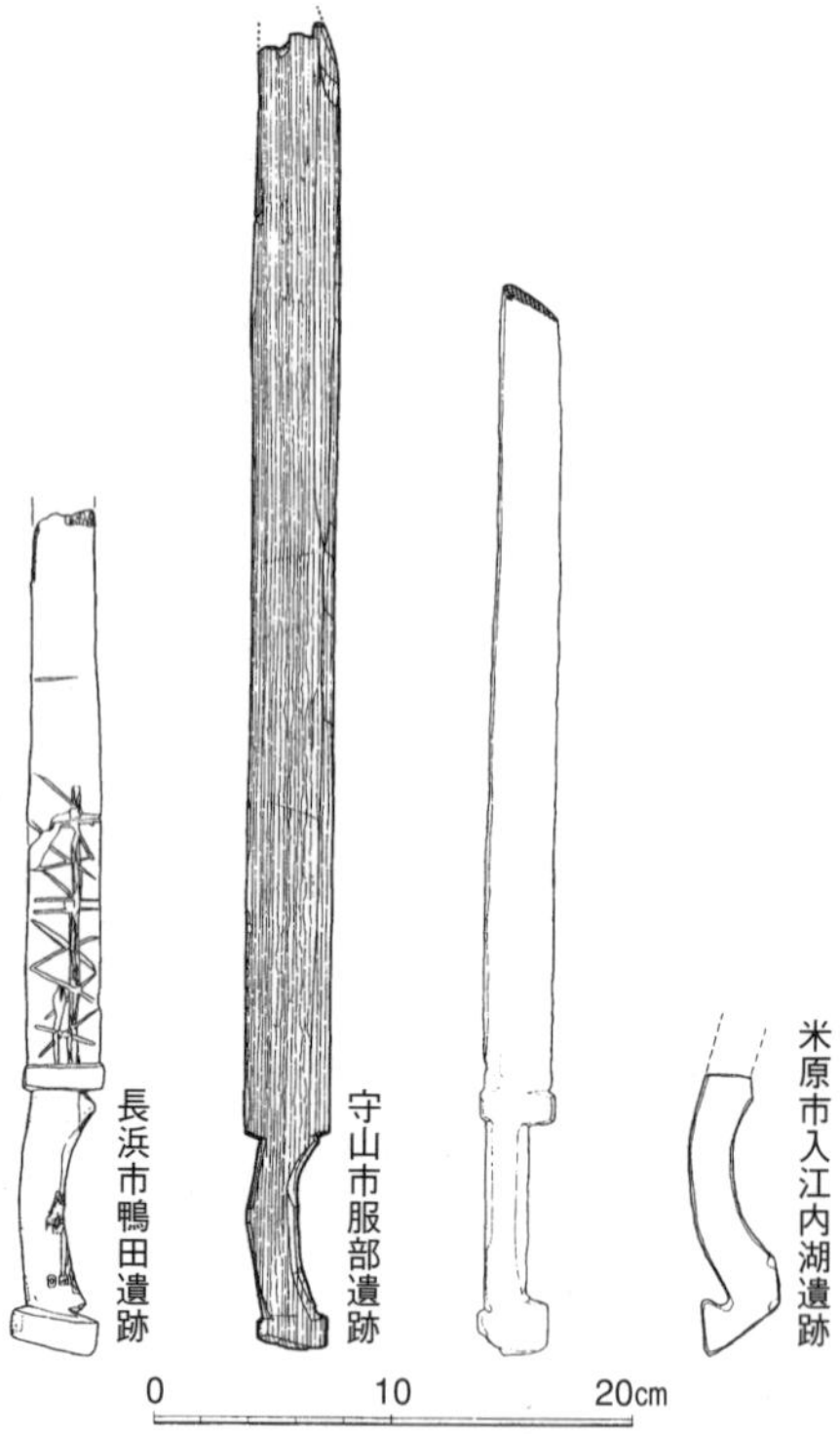

木製刀形代

を少し湾曲させて端部を幅広くし、他の一点は、背・刃側ともに直線的で、端部だけを幅広くし、ともに柄頭を作り出しています、シンプルですが、身・柄とも実用の鉄刀を比較的忠実に模しているといえます。鴨田遺跡からは鞘に入った状態を模したものも出土しています。鞘は、先端を欠いていますが、鞘口金具を削り出し、片面に、三つの×と二つの×を二本の並行線を挟んで線刻して鞘装飾を表現しています。柄は、背の側の湾曲を緩やかに、刃の側の湾曲を強くし、さらに細長い卵

形の柄頭を作り出しています。この柄を湾曲させる特徴は、服部遺跡出土のものにも見られます。また、入江内湖遺跡からは、握りにくいほどに大きく湾曲させ、柄頭もバチ形に切り出し、鴨田遺跡などの柄の特徴を一層強調したものが出土しています。柄を湾曲させるものは、蕨手《わらびて》刀子などの特殊な鉄製刀子に見られますが、鉄製の大刀にはなく、刀形代に特有のものといえます。

守山市下長遺跡からは、赤漆の上から黒漆を塗り、古墳時代に用いられる特殊な構図を持つ直弧文と呼んでいる文様で飾る大きな柄頭と黒漆が塗られた鞘尻が出土しています。祭りなどに用いる儀刀の装飾部分と思われます。また、高島市の稲荷山古墳から出土した鉄製大刀も、大王の権威を象徴するように、華麗な柄頭で装飾されています。刀を中心とする武器形代の場合、大王の権威を象徴するものではなく、豊作を予祝する模擬戦などに用いられるとともに、疫病神を断ち切るという意味での呪術的な要素を持っていると考えられます。こうした柄頭を飾る儀刀を意識して木製の模造刀が作られた結果、湾曲した柄が生まれたのでしょう。

鳥・武具・蓋

ミニチュアなどの模造品を作り、実用品に変わって神に捧げる木製の形代には、武器や舟などのほかに、盾や甲《かぶと》などの武具、紡織具、農具、鳥などの動物などがあります。滋賀県では武器形や舟形など以外の形代はあまり知られていませんが、鳥形が幾例か出土しています。このうち虎姫町五

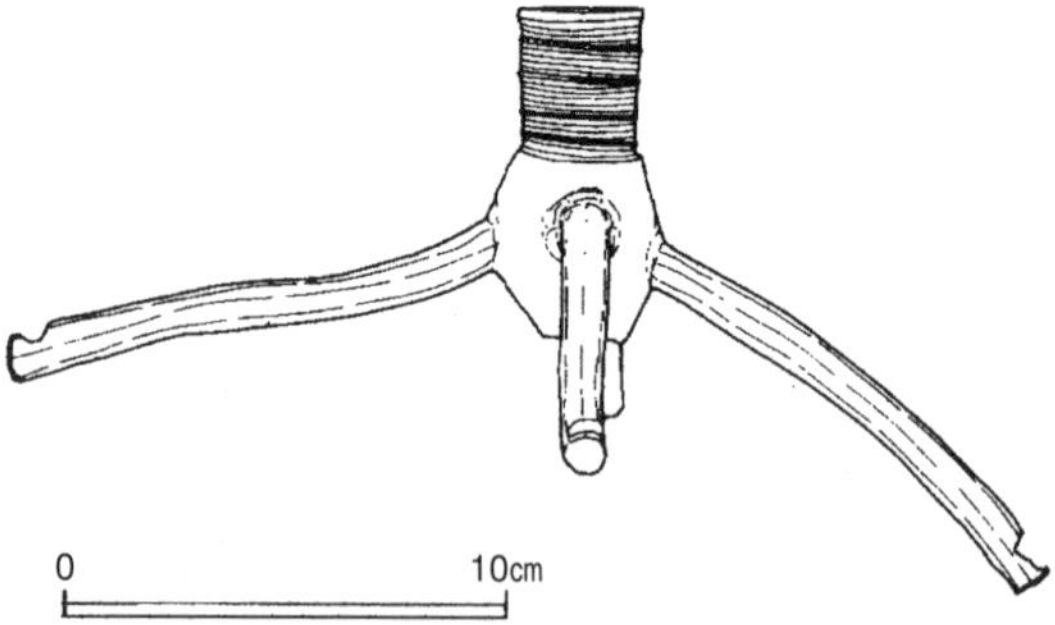

米原市黒田遺跡出土の傘骨形木製品

村遺跡では、古墳時代初頭の円形周溝墓から出土しています。弥生時代では穀霊を運ぶ神の使いとして鳥が重要な役割を果たしていましたが、古墳時代では死霊を黄泉《よみ》の国に運ぶ使者にもなります。鳥に新しい役割が加わったことを示す最も古い例の一つといえるでしょう。形代ではありませんが、守山市服部遺跡の五号と十九号の方形墳から五世紀末から六世紀前半頃の盾と思われるものが出土しています。その他にも幾例か知られていますが、いずれも漆が塗られています。農具では、彦根市妙楽寺遺跡の古墳時代初頭頃の赤彩を施した横槌《よこづち》が知られています。これらは実物と変わらないものですが、漆が塗られたり彩色されたりしていて、明らかに葬送などの儀式用に供されたものと見ることができるものです。特に農具などは、模擬的所作をして予祝することから、実用品が用いられていたと考えられます。

その他木製の祭具と考えられるものに、米原市黒田遺跡、彦根市松原内湖遺跡、守山市石田三宅遺跡などから出土している傘骨状の木製品があります。これは、茎から放射状に数本の枝が伸びる木を利用したもので、茎の部分を棒状のものが差し込めるように筒状に穴を開け、十字方向に伸びる枝の先端を何かが懸けられるように刻み込んだものです。漆を塗るものもあります。埴輪などで見られる蓋《きぬがさ》と呼んでいる日傘の一種の傘骨ではないかと考えられています。

直弧文

高島市稲荷山古墳は、全長五〇ｍほどの前方後円墳と考えられます。横穴式石室を作り、その中に家形の石棺を納め、金銅製の冠・沓《くつ》・魚佩《ぎょはい》、玉類・金製耳飾りなどの装身具、金銅製の環頭大刀を始めとする武器類、金銅製轡《くつわ》を始めとする馬具類など、非常に豊富な副葬品が添えられていました。六世紀前半の継体大王と非常にゆかりの深い豪族の墓とされています。この副葬品の中に、柄鞘の部分を鹿の角で飾る大刀および刀子がありました。鹿角《ろっかく》製刀装具は大陸にあり、日本では弥生時代からありますが、古墳時代になって日本独自に発達を遂げていったものと考えられています。

この鹿角製刀装具の多くには、これも日本独自に発達した直弧文と呼んでいる文様が彫刻されています。稲荷山古墳のものにも、やはり、この文様が彫刻されていました。直線と弧線を一定の方

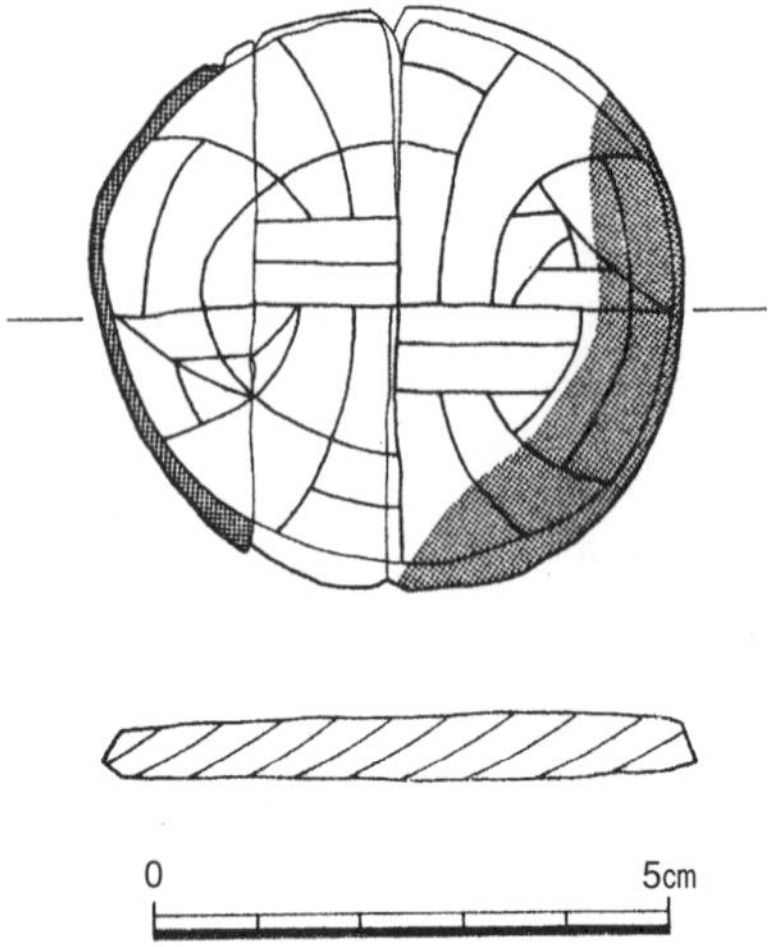

米原市入江内湖遺跡出土の直弧文のある円板状木製品

式のもとに組み合わせて描かれるもので、刀子のような小さなものから、石棺のような大きいものまで、色々な器物に施されています。この文様の発生も弥生時代にさかのぼるといわれています。このことに関連したものが、古墳時代初期の米原市入江内湖遺跡から出土しています。一つは、直径五・七㎝、厚さ〇・六㎝の小さな用途不明の円板状木製品で、その一面に直弧文を施したものです。面一杯に直線と弧線を組み合わせたものを点対称に配置しています。もう一つは、四つの脚を持つ盤形の容器で、文様は、表面の両側縁と裏面の一側縁の計三カ所に施されています。直弧文に関連する文様を施した資料は、古墳時代初期の頃に比較的広い範囲で流行しますが、入江内湖遺跡のものは新しい優れたデザインを案出したものといわれ、古墳時代を通じてシンボル化されていく直弧文の発生を考えていく上で貴重な資料として評価されています。

古墳時代初期の頃には、土器、埴輪の祖形とされる特殊器台、木製高杯などの他に、算盤《そろばん》玉のような土製品や入江内湖遺跡のような円板などの用途不明な木製品、さらには、自然の大きな石などにも彫られています。出土箇所も集落内や墳墓など一定しておらず、さまざまな祭の場に登場してきます。直弧文には、何らかの呪術的な、また、神秘的な要素があったと考えられますが、この文様に寄せる人々の思いが、やがて畿内の王権を通じてシンボル化され、広く全国に普及していったのでしょう。

斎串

大津市の湖西線関連遺跡の調査で、ⅡH区の際川《さいがわ》の旧の河道とされる流路を始め、各所の溝跡などの堆積土から、六世紀後半、古墳時代後期の土器とともに多数の木製品が出土しています。その中に、長さが最小で八・六㎝、最大で二六㎝以上、幅が二～三㎝前後、厚さ二㎜ほどで、先を剣の先のように尖らした薄い串状の木製品があります。先端を剣先状に尖らせただけのもの、先端が剣先状で、側辺に切り込みを入れるもの、先端を斜めに削るもの、先端を斜めに削り、側辺に多くの切り込みを入れるものなど色々なタイプのものが見られます。これらは、七世紀以降、特に奈良時

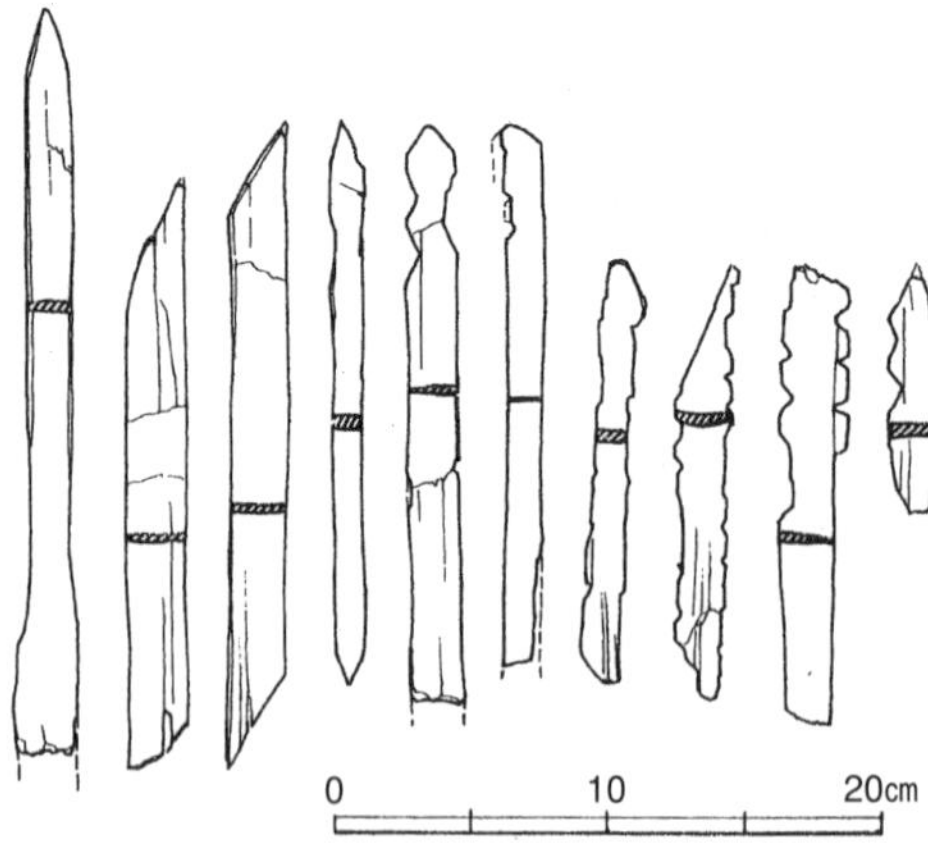

大津市湖西線関連遺跡出土の古墳時代の斎串

代や平安時代の遺跡からよく出土する斎串《さいぐし》と呼ばれているものと同じもので、古墳時代にさかのぼる数少ない資料なのです。「削り掛け」などとも呼ばれていましたが、側辺に切り込みのないものも数多くあり、今はほとんど斎串の用語を使っています。

民俗事例の中の稲作儀礼で、苗代田に種播きする際、その中央に斎串を立てることが行われています。これは田の神を苗代田に招くためで、斎串が、神を招き降ろすときの神聖なしるしとなっています。湖西線関連遺跡では、斎串を出土した同じⅡH区から、長さ二〇cmほどの杵《きね》、一五cmほどの刀子、直径四cmほどの紡錘車などの他に、用途不明のものも含めて、大きさの異なる相似たものがあるところから、それぞれの小型の模造品と考えられる木製品が多数一括して出土しています。これらの遺物から河川の水辺で祭りが執り行われていたと考えられ、小型の模造品は神に捧げられる供物の形代とすることができます。斎串は、その供物《くもつ》を供えるための祭りの場を設営する際に、聖域を画す印として用いられたと考えられます。また、神への供物の印そのものであったのかもしれません。

斎串はまた、奈良・平安時代の例を加えると、河川や溝などの流路以外に井戸から出土することも多いようです。民俗事例だけではなく、『日本書紀』や『風土記』などにも、井戸が祭礼の場として神聖視されていたと考えることのできる記事が散見できます。このように、斎串は、古墳時代後期以降、奈良・平安時代を中心に、色々な祭礼の場で、色々な使われ方をしています。祭りの場を復元するために欠かすことのできない資料といえるでしょう。

祭りの場

固定する祭りの場

県内から出土している木製の形代は、剣や刀が最も多く、次いで船があり、その他、刀子、横槌、盾、動物、斎串などがあります。祭具と思われるこうした木製形代は、弥生時代以降、形を変えながらも今日にもなお作り続けられています。

しかし、古墳時代に限って見た場合、碧玉や滑石などの石製模造品と同様に、古墳時代前期の遺跡と古墳時代中期の遺跡とでは、こうした木製の祭具の出土状況に大きな変化が見られます。例えば、長浜市国友遺跡は、姉川の左岸に位置しており、発掘調査ではその旧の河道の一部から、中期の土器とともに大量の木製品が出土しました。鋤や鍬などの農具、田も網などの漁労具、弓などの狩猟具、槽などの日常容器類、木錘などの俵編み具や紡織機具等々、河道を挟んだ農耕集落での営みを示す多種多様な木製品がありました。ところが、祭具としては剣および刀と思われるものがわずか二点しか見あたりませんでした。また、同じ頃に内湖の岸辺に営まれた集落跡と考えられる米原市入江内湖西野遺跡では、陸地部で掘立柱の建物やドングリを貯蔵した土坑などが見つかり、岸辺の湿地には、集落で使用されていた大量の土器や木製品が堆積していました。農耕具はほとんどなく、漁具類や紡織具などが中心で、漁業を生業とした集落のようでしたが、ここでも木製の形代はあまり見あたりませんでした。同じ入江内湖に立地する遺跡でも、多種多様な祭具を出土している前期の入江内湖遺跡行司地区とは対照的な状況です。

この変化は、木製形代が完全に姿を消してしまったのではなく、また、すべて滑石製模造品に変わったのではなく、単に、容器や農耕具、漁具、紡織具など日常の生活用具や生業の道具と一緒に出土しなくなったことを示していると考えられます。すなわち、祭りを執り行う場所が古墳時代前期までと比べて大きく変化したのではないでしょうか。石製の模造品で見られた王権の祭りの形態の確立と、一般の人々への浸透という大きな変化が、弥生時代以来の伝統的な祭りを執り行う場所さえも変化させたと考えられるのです。詳しくはわかりませんが、例えば、すでに弥生時代に見られた、神の宿る場所である米倉が祠へと変化する兆しが、古墳時代中期になってより一層固定したものになっていったとすることができるのです。

水辺の祭り

祭りの場と祭壇

祭りには、人々のさまざまな願いが込められています。祭りの内容も、それが行われる場所も、人々が込める願いの内容によって、また、さまざまであったと考えられます。民俗事例の年中行事に反映している稲作儀礼だけを見ても、一年の稲作のサイクルに合わせて、さまざまな場所で、さまざまな儀礼が執り行われています。考古学的な資料からそのすべてを明らかにすることは困難ですが、祭祀的な遺物が出土した場所やその出土状態などから、民俗事例や文献からの応援を得て、ある程度復元していくことができます。中でも、最近、旧河道や溝などから祭祀遺物が集中して出土する例が増えています。すなわち、祭祀遺物だけでなく、水辺で執り行われた祭りの場そのものが見つかるようになってきたのです。水辺の祭りは、水に関わる祭りが多いと考えてよいと思いま

草津市北萱遺跡出土の手づくね土器（滋賀県教育委員会蔵）

すが、滋賀県でも、古墳時代初頭から中期にかけての発掘調査例がだいぶ知られるようになりました。

東近江市堂田《どうだ》遺跡では、今の市子沖《いちこおき》の集落の東側で、古墳時代前期から後期にかけての間に流れていたと思われる六条の自然流路が見つかっています。これらの流路からは、日常の生活用品である土器類や木製品、古墳時代の農業技術について考える上で貴重な資料となった馬鍬《まぐわ》などが出土しています。また、古墳時代中期の竪穴住居や掘立柱建物なども検出されていて、周辺で営まれていた集落と深い関わりのある流路であったことがわかります。

この六条の流路のうち一条の下層から一〇〇個近くの手づくね土器がまとまって出土しています。手づくね土器というのは、土器の表面を刷毛《はけ》目などで調整したり、回転台などを使って形を整えたりしている一般的な日常の容器とは明らかに異なり、手でこね上げただけの形ばかりの素焼きの土器で、大きさも数㎝前後のミニチュアサイズのものを指します。形は、粘土の塊の真ん中を指で押さえ込み、内側を指で粗くなで上げて形を整えただけの椀形のものが大半を占めています。中には、端の部分を屈曲させて口の部分を作るものや、通常の土器の形とそっくりに作るものも見られますが、その場合、ほとんどが土師器の甕の形で、高杯や器台、あるいは、須恵器などはあまり見られません。手づくね土器は弥生時代から見られますが、主に、古墳時代に入って流行します。

河岸の祭壇

東近江市堂田遺跡の自然流路の下層から出土した手づくね土器は、流路の右側の岸に沿って、長さ四m、幅一mの範囲で、土師器の高杯三点、壺一点、大小の甕三点と一緒に放棄された状態で見つかっています。右岸には板状の杭が一mほどの間隔で三本打ち込まれ、杭の周囲には板材や棒、曲物などの木製品が散乱していました。手づくね土器に混じって滑石製の臼玉も一点出土しています。同じ下層からは、剣形、下駄、田下駄など祭祀に関わると思われる木製品も出土しています。

手づくね土器には、粘土の塊を指先で成形した椀形の小型品と粘土紐を巻き上げて口縁部を作り出す中型のものとがあります。それぞれに丸底のものや平底のもの、中型品では口縁部が外反する

東近江市堂田遺跡の祭祀遺構（滋賀県教育委員会提供）

ものや屈曲して稜を取るもの、口縁部が胴部より大きいものなどその形にバラエティがありますが、点数からすれば小型のものが半数以上を占めています。これらのうち中型のものは岸部に向かって左側半分に集中し、右側半分からは小型のものだけが出土しています。小型のものはさらに、中型の一群の岸辺と反対側からも出土しています。この二群の間にはわずかながら空間が認められます。土師器は、これら手づくね土器の左側で、大型の甕を中心に、左側と岸辺側に高杯、右側に高杯と小型甕、岸辺と反対側に小型の甕が置かれた状態で、まとまって出土しています。壺はこれら一群とは離れ、小型と中型の手づくね土器の間の岸辺側から単独で出土しています。

以上から、小型手づくね土器群、中型と小型の手づくね土器群、大型甕を中心とする土師器の三群が岸辺に沿って並べられ、これらの中央の岸辺側に土師器の壺を置いた状態を読みとることができます。これらは、自然流路の岸辺に、杭を打って設けられた祭壇の上に配されていたと考えられます。祭礼が終わった後、放置され、やがて祭壇が朽ちるとともにそのまま流路の底に沈み、埋没していったものと思われます。

木製品は、土師器と違って流れに流されます。杭に絡んで出土している板や棒、曲物などの他、同じ下層から出土している剣・下駄・田下駄などもこの祭壇の上にあったものかも知れません。堂田遺跡は、古墳時代中期に流行する手づくね土器を用いた祭壇のようすを復元するために、貴重な資料を提供してくれたといえるでしょう。

集落と祭りの場

東近江市堂田遺跡で見つかった祭祀遺構によく似たものが東近江市斗西遺跡でも確認されています。この遺跡では、最も広いところで四二m、狭いところで一九mの大溝が大きく迂回して流れており、その北側に竪穴住居や掘立柱建物からなる集落が営まれていました。集落は、この大溝と極めて深い関係を持って、四世紀前半代から九世紀頃まで営々と営まれていたようです。特に、大溝が大きく迂回する辺りの北側の岸辺で、堂田遺跡より半世紀ほどさかのぼる四世紀後半頃の祭祀遺構が見つかっています。

大溝は水辺までの間に数段のテラスがあり、祭祀遺構は、岸辺から一段低くなった最初のテラス状の部分で見つかっています。堂田遺跡のように祭壇を思わせる杭などは検出されませんでしたが、およそ二m×二・五mの楕円形の範囲に遺物が集中して出土しています。完形品に復元できるものが多いこと、いくつかの高杯や壺が立ったまま出土していること、横倒しのものでもほとんど摩滅していないことなどから、祭祀に供された状態のまま取り残されたものと判断されています。供献品は、土師器の壺八点、甕五点、鉢二点、高杯七八点、手づくね土器三五六点、石製模造品九点で、その分布は、手づくね土器が北部に集まり、南部に高坏が一〇個ほど、さらに中心部に壺四点が集中して置かれていました。土器の種類や石製模造品が含まれている点、土器の種類によって置かれる場所が決まっていたと見られる点などは、堂田遺跡と共通していますが、神の食物である神饌《しんせん》を捧げるためのものと思われる高杯が七八点と非常に多いことが大きな違いとなっています。

さらにこの遺跡では、大溝の北側に集落が営まれていたことがわかっています。集落は何代にもわたり、住居を建て替えて住み続けていますが、建て替えは常に同じ空間で行われています。従って、いつの時代も住居が集まる場所と常に広場になっている場所とがほぼ決まっているのです。住居は数棟が単位となってムラを構成しており、住居を建てない広場、特に、祭祀遺構が見つかっている場所の北側の広場などは、ムラが共同して行う祭祀のための広場だったのではないでしょうか。斗西遺跡は、堂田遺跡ではわからなかったムラと祭祀の場との関係を示す好例といえるでしょう。

祭具の変化

斗西遺跡では、大溝が祭祀遺構よりさらに東側に延びたところで、堰の跡が三基、また、漁労遺構の簗などが検出されています。これらの付近からは、古墳時代初頭、古墳時代前期の終わりから後期始めまで、古墳時代後期から奈良時代までの三つの層から大量の遺物が出土し、土器は遺物用コンテナに二〇〇箱、木製品は五〇〇箱以上に達しています。木製品には、農具、狩猟具、紡織具、工具、調理具、容器、水運具、武具、建築資材など、集落の営みの中で使用されてきたさまざまなものがありました。この河川の北側には、古墳時代から奈良時代にかけての竪穴住居群が分布しており、これら集落との関わりの深い河川であったことがよくわかります。その大量の遺物の中に、祭祀に関わると考えられるものも含まれていました。古墳時代初頭の下層からは、舟形一、矢形三、盾一の木製品と銅鏡の破片、古墳時代中期を中心とする中層からは、玉杖形一、斎串三、矢形四、剣形二、刀形二、盾一、舟形四、琴柱形一の木製品と滑石製の有孔円盤四、古墳時代後期から奈良時代の上層からは、人形一、斎串一、刀形一、鏃形一、舟形二などが出土しています。大溝の西方の祭祀遺構では、流されずにその場に取り残されていましたが、これらの祭祀具は堰などの淀みに堆積したものであることから、祭りの後、大溝に流されたものと思われます。

下層の鏡片は、破砕鏡や懸垂鏡が祭祀に用いられる前期初頭、また、上層の人形代《ひとかたしろ》は律令期のそれぞれの時代の特徴を示すものといえます。滑石製有孔円盤も中期を特徴付け、剣や刀などの武器形代は各時代を通じて用いられる祭祀具です。さらに、下層では、岸辺に土器群が形成されていました。装飾性の豊かなものや線刻されるものを含む高杯や壺を中心としており、土器を中心とした頃の一般的な祭祀のようすを見せています。こうした一般的な特徴以外に、この遺跡で最も注意すべきことは、二〇〇箱におよぶ土器が出土しているにもかかわらず、手づくね土器が含まれていないことです。大溝西方の祭祀遺構や堂田遺跡などの手づくね土器を中心とした祭とは、また、別なあり方を示しているのでしょうか。舟形代がいずれの時代にも用いられていることも注意すべきでしょう。

祭具の廃棄

米原市黒田遺跡は、天野川のすぐ北側にある遺跡で、これまで三回の発掘調査が実施され、古墳時代初頭頃の祭祀に関わる遺構群が見つかっています。ここでは、およそ東西の方向で、幅五mから一〇m、深さ一m程度の東よりほど深く、また、幅広い自然河川（大溝）が見つかっています。さらに、この河川に注ぎ込むように、幅一m、深さ六〇㎝の土坑が、長さ八mにわたって掘られていました。この土坑からは、壺、甕、高杯、器台、鉢などの土器類、焼土の塊、大足《おおあし》、広鍬《ひろぐわ》、三つ又鍬、刀形、笠骨形、棒状品などの木製品、モモの種などが出土しています。土器類は日常的なものがほとんどです。木製品は、刀形や笠骨形などの祭具の他は日常的な農耕具類を中心としていましたが、三つ又鍬には使用した痕跡がなく、大足や広鍬は故意に端の部分を欠けさせた可能性があると報告され、また、祭具である刀形も先端を何回か筋引きした上で折られていたようです。一部が焼失している木製品もあったとされています。土器類はもともと割れやすいものなのではっきりしませんが、木製品には、使用後故意に折ったり焼いたりして廃棄されたようすが見て取れます。

遺跡では、この土坑の南側八〇mほどの場所で、やはり古墳時代初頭頃の三棟の掘立柱建物が見つかっています。うち一棟は、二間×三間で、さらに棟の外側に棟持柱を立てる特殊な建物でした。また、この建物の西側には、柱通りを布掘りにし、棟柱を持たない一間×四間の特異な建物が並列して建てられていました。もう一棟は、同じ棟柱を持たない一間×三間の建物ですが、これと重複していることから建て替えられたものと考えられます。従って、棟持柱建物と棟柱を持たない建物

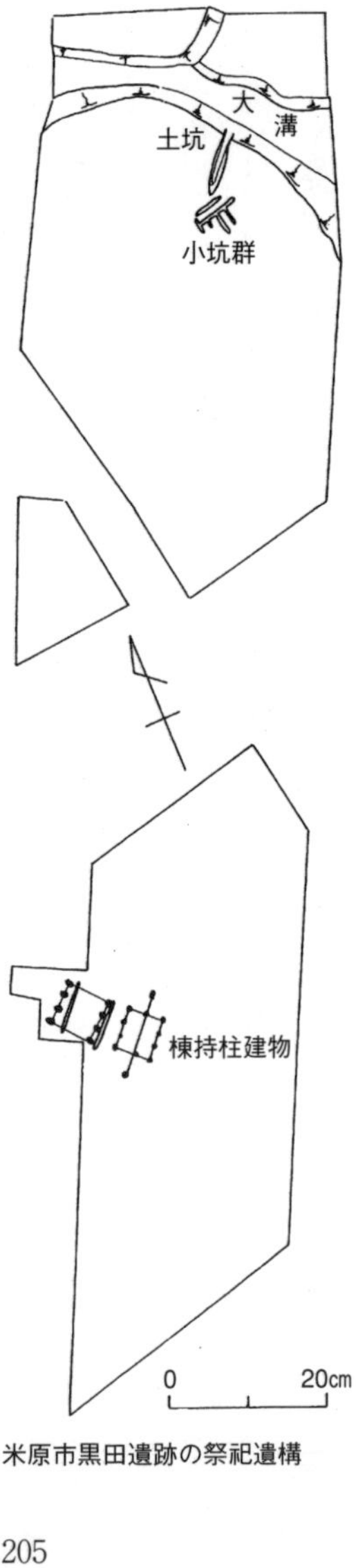

米原市黒田遺跡の祭祀遺構

とがセットだったとすることができます。同じ頃の同様の建物が見つかっている高島市針江川北遺跡では、柵か塀のようなもので囲われ、集落の中心の広場に建てられていました。祭殿のような性格が考えられるものでしたが、黒田遺跡の場合も同じ性格を持つものと考えています。土坑は、この祭殿で使用された際の祭具を河川に流し込むために設けられた可能性があります。

祭の道具は、使用後単に捨てられるものではなく、河川などに流し去るもので、その場合にも一定の方式や施設があったと考えられるのです。土坑に接して掘られた不明な素掘り小坑群もこのことに関連する遺構であるかも知れません。

琵琶湖岸の祭祀

守山市赤野井湾遺跡は、琵琶湖岸に立地する遺跡で、主に、弥生時代から古墳時代にかけての頃に、低湿地の土地条件と湖の幸を求めて集落を営んだ多くの人々の痕跡を今日に残しています。その中で、南一地区では、大きな落ち込みを利用した祭の痕跡が見られました。落ち込みは四〇m×一五m以上の大きさで、もともとかなり速い流れがあった川が、土砂の堆積で流れが遅くなり、細長い湿地状の落ち込みとして取り残されたものと考えられています。大きく三回にわたる堆積が見られ、下層からは手づくね土器一〇四個、土製鏡一個、土製円板一個、桃の種八個などが出土し、中層からは、須恵器𤭯《はそう》（口が広く、胴に小さな穴のある壺。穴に竹管を差して、中の液体を注ぐのに用いたと考えられています）一個、穿孔された小型丸底壺一個、手づくね土器一〇個、土製鏡一個、土製勾玉二個、石製有孔円盤一個、赤彩した鉢や木製の盤などが出土しています。これらは陸地側にあたる東側で、五m×二mほどの範囲に集中し、また、下層の手づくね土器の中に二個が入れ子になった状態のままのものが二セットあったことなどから、流されてきたものではなく、もともとこの場所、あるいは陸地部にあったものと考えられています。下・中層とも古墳時代中期の堆積で、下層が堆積する頃はまだ流水があったようです。手づくね土器を中心とし、若干の懸垂用の土製品や石製模造品が加わっており、堂田遺跡と似ていますが、盤以外の木製の祭具がほとんど出土していません。

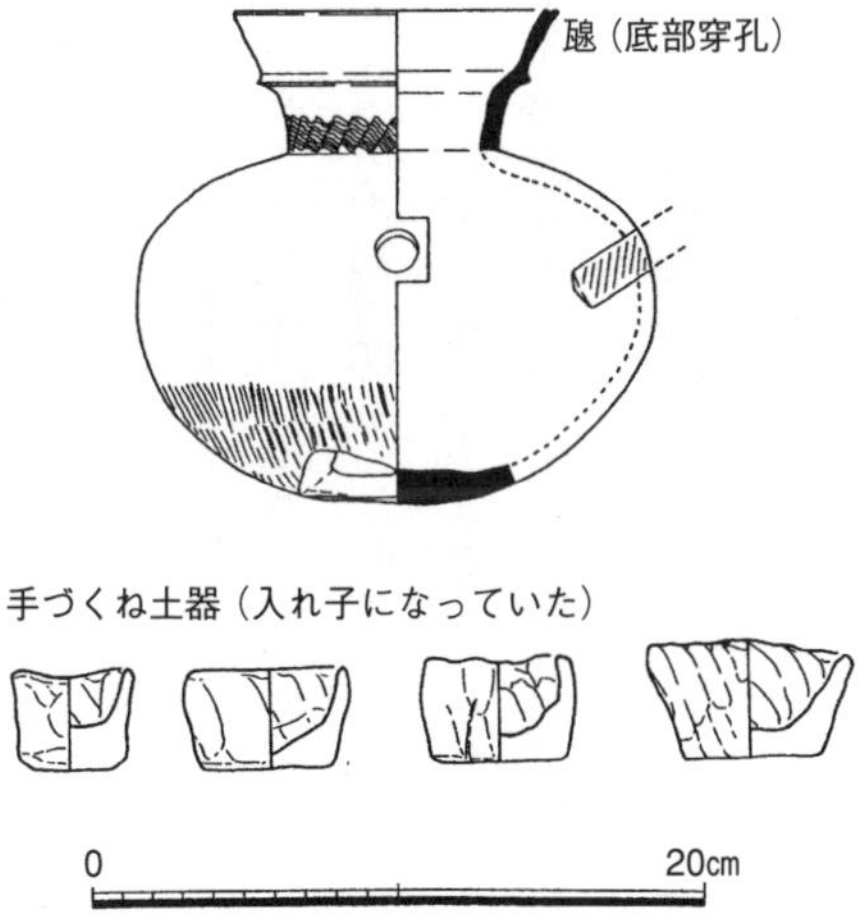

守山市赤野井湾遺跡出土の𤭯と手づくね土器

　また、天神川二地区では、南北に流れる溝の東側の肩部から、土製人形、小型丸底壺、製塩土器、土玉、有孔円盤、管玉、鉄鎌、木製舟形代、、火《ひ》鑽臼《きりうす》などの祭祀遺物が出土しています。古墳時代後期に下るもので、手づくね土器が見られないこと、土製の人形や装身具、また、鉄製農具が加わるなど、新しい祭りの要素が見られます。ただし、舟形代は焼け焦げており、付近には焼けた石や杭などもあったようで、祭りの後に廃棄した場所である可能性があり、南一地区の祭場と考えられる落ち込みとは性格が異なるのかも知れません。

なお、南一地区の小型丸底壺に見られた土器の底に穴を開ける風習は、弥生時代から古墳時代の初頭頃の方形周溝墓の供献土器によく見られるもので、この頃にはあまり見られないものなのですが、ここでは落ち込みより南側に少し離れたところで、正位置の状態で出土した古墳時代後期の須恵器の𤭯にも、穴を木で栓をした上に、底部が穿孔《せんこう》されていました。

導水施設——浄水思想

守山市服部遺跡は、弥生時代前期から水田や調査当時としては予想外の数である二〇〇基に及ぶ方形周溝墓群が見つかった遺跡です。古墳時代にも、前期には、集落を取り巻くと考えられる環濠、一〇〇棟以上の竪穴住居、多数の土坑や溝、数条の旧河道などが見つかり、中期から後期にかけては、三〇基に及ぶ方形および円形墳が検出されています。旧河道は、野洲川の洪水の後を示すもので、そのうちの一条は、幅が六〇m以上、深さが四m前後を計る大規模なものでした。この旧河道は、弥生時代後期から古墳時代前期にかけての間に、大きく上・中・下層の三回にわたる土砂の堆積が見られ、埋没後も沼沢地となって残っていたようです。この旧河道が埋没する途中、中層と上層の間に、導水施設が設けられていました。

　この導水施設は、長さ四m、幅三mほどの長方形に巡る杭列と、これから一〇mほど離れた場所に敷石のある水路が作られ、それらを敷石水路側に緩やかな傾斜を持つ幅一m前後の素掘りの溝で結んだものです。敷石水路には、大木を半裁して丁寧に加工した長さ四m、幅六〇㎝の木樋の付いた槽が設けられ、反対の長方形の杭列側には、二・五mほどの長さの板材を横方向に立て、幅五〇㎝ほどの板枠で溝を作り、素掘りの溝に繋いでいます。こうしたようすから、長方形杭列からの湧水、あるいは、溜まり水を素掘りの溝に流し、板枠の溝で誘導して敷石水路の槽に一旦貯水し、さらに木樋に流すといった導水施設であったことがわかります。

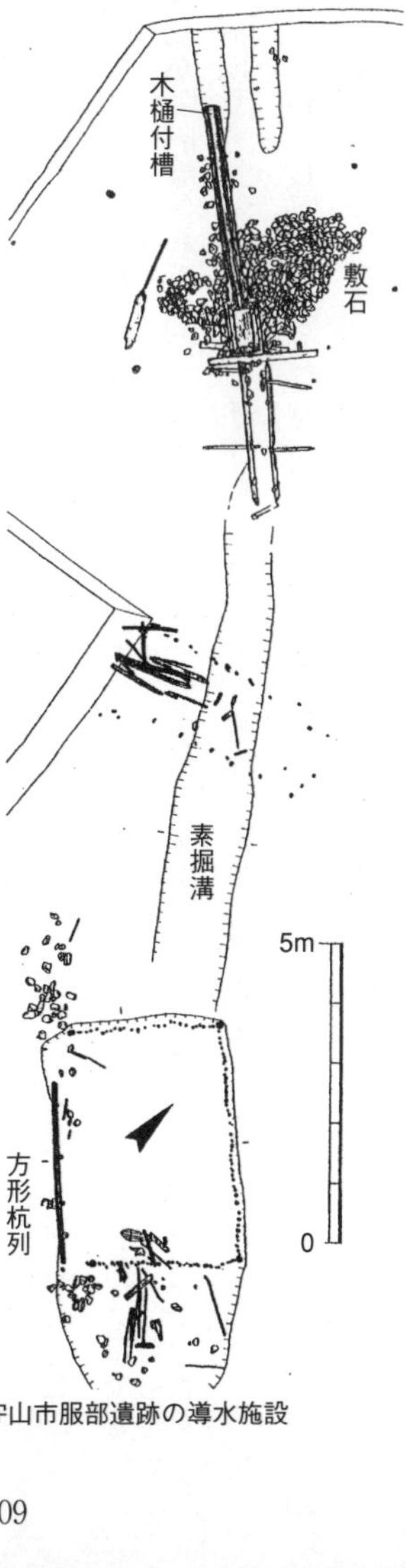

守山市服部遺跡の導水施設

これに類似したものが奈良県や大阪府、群馬県などでも見つかっています。このうち奈良県の南《なん》郷大東遺跡《ごうだいとういせき》では、自然の川の水をダム状の施設で堰き止め、そこから流れ出た水をいくつも連ねた木樋に順次流し、自然水を順次浄水化する施設を作っていました。この施設は、垣根と覆い屋で完全に外部から隔離されていたと考えられています。また、ダムの周辺や導水施設の下流付近などに、武器・舟形代、手づくね土器、滑石製玉類など、古墳時代中期の祭祀具が大量に出土しており、この施設を中心として、浄水の行為を伴う祭祀が行われていたとされています。

服部遺跡の場合もまだ残る河道の中に設けられ、敷石水路の木樋の構造も、全く南郷大東遺跡と同じものです。長方形杭列が水源になり、素掘り溝も木樋があった可能性があります。包含層から出土している祭祀具と導水施設との関係は明らかではありませんが、服部遺跡の場合も水に関わる祭りの施設であったと考えることができるでしょう。

古代の祭り

道教系祭祀

『急々如律令』

西暦六四五年に断行されたとされる大化の改新以降、中国の制に倣った律令国家の道をたどることになります。専制君主と官僚政治が展開される一方、法律によった政治が行われるようになった時代でもあります。もちろん中国とまったく同じ制度をそのまま取り入れるのではなく、日本の実情に合うように手直しされ、運用されるのですが、古墳時代からのこうした変化は、古墳という巨大建造物で権威を象徴することがなくなるように、祭祀の上にも大きな影響を与えることとなります。もちろん古墳時代からの伝統を色濃く残す祭祀も引き続き行われますが、さらに新しい律令的な祭祀が加わっていくのです。

今から二十数年前、近江風土記の丘資料館へは、国鉄（当時）安土駅から朝鮮人街道へ出て安土町下豊浦《しもといら》の集落を抜け、安土城の前から山伝いの道を歩いて行かなければなりませんでした。下豊浦の集落を抜けたところに小さな小川があって、コンクリートの橋がかかっているのですが、何気なく橋の袂《たもと》を見ると、長さ三〇㎝ほどの箆《へら》状の板が二、三枚差し立ててありました。気になって近づいてよくみると何か呪文のような文字が書かれていました。村のはずれの厄除けか、水口の神への祈りなどだろうと思っていましたが、一つ気になったのは文言の最後に「急々如律令《きゅうきゅうりつりょうのごとし》」と書かれていたことです。早速調べてみましたが、「急々」は「火急に」という意味、「律」は「刑法」、「令」は刑法以外の一切の規定で、「律令に規定されているように火急に処理せよ」という公文書の用語でしたが、後に「早々に退散せよ」というような意味で用いられる呪術的な用語だということがわかりました。中国古代のさまざまな民間信仰を基盤として成立し、神仙《しんせん》思想を中心とする呪術宗教的な要素の強い「道教《どうきょう》」で用いられる呪符の文末に常套的に用いられる用語なのです。

この用語が書かれた木簡が、東近江市上山神社《うえやまじんじゃ》遺跡で、十二〜十三世紀頃の豪族の居館に関連すると考えられる方形に巡る溝跡から出土しています。二枚あり、「鬼」や「尸」などを組み合わせた文字の下に「急」という一字が見え、本来「急々如律令」とかかれてあったものと思われます。大津市東光寺《とうこうじ》遺跡ではさらに平安時代にさかのぼるものがあり、米原市北方田中《きたかたたなか》遺跡からも出土しています。県外では静岡県浜松市伊場遺跡で奈良時代の最古の実例を見ることができます。

これらの呪符木簡から、奈良時代から平安時代にかけての頃、日本にも道教の方術が存在し、盛んに用いられていたことがわかります。

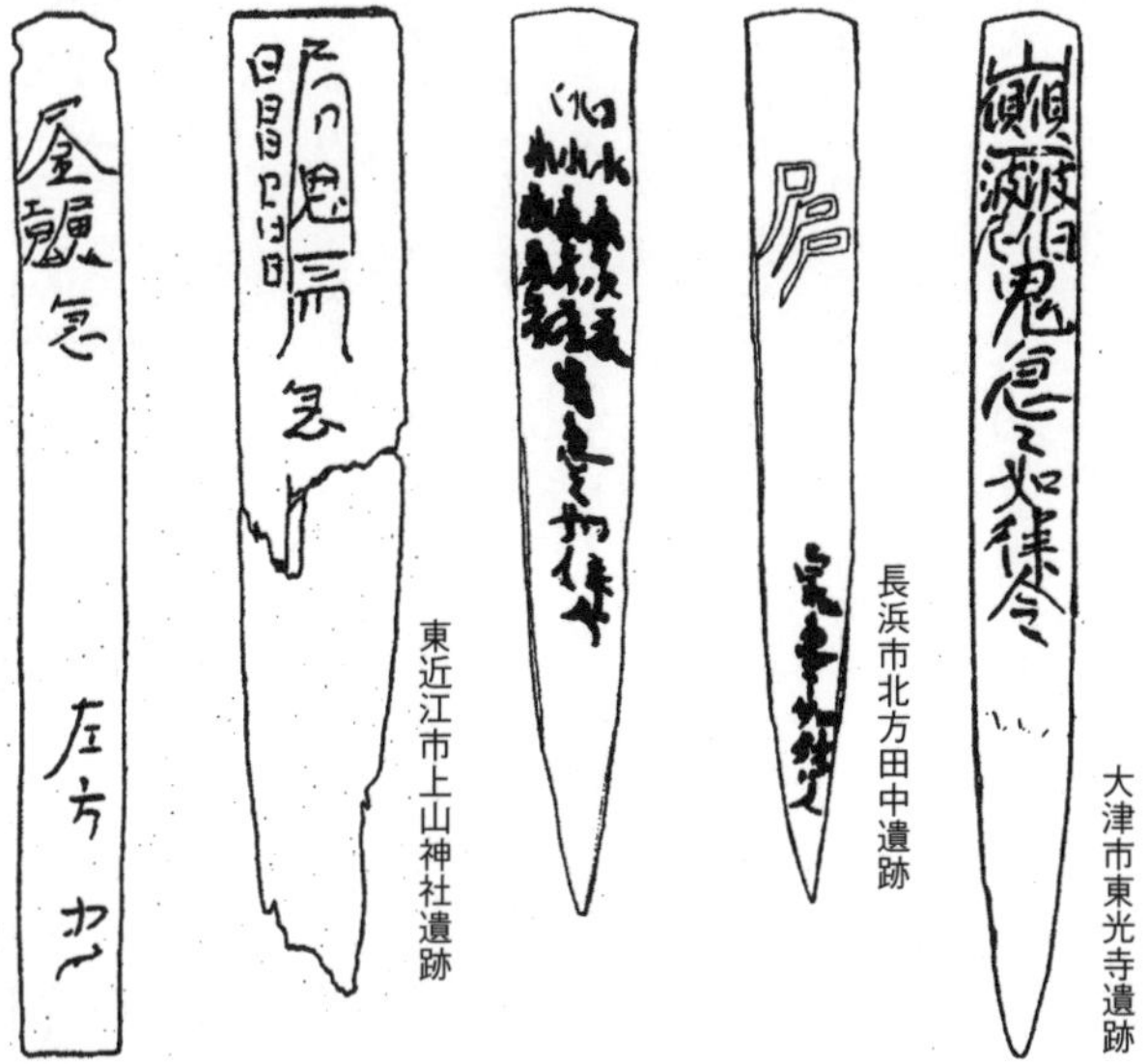

呪符木簡

これから紹介していく祭祀資料にも道教系のものと思われるものが少なからず存在しています。それらが奈良時代の早い段階では、都や各地の国府関係の遺跡から出土していることから、大陸と直接的、また間接的に接触することの多い知識層の人々の間で流行し始め、やがて民間にも広まっていったことを知ることができます。すなわち、律令の制度の導入が、こうした新しい思想をもたらしたのです。

奈良時代から平安時代にかけての間に起きた幾たびかの政変で、「学左道《さどうをまなぶ》」、「坐巫蠱《ふこにざす》」といったことが、重要人物を

守山市服部遺跡出土の人形代

左遷する理由として正史に数多く記録されています。「左道」はよこしまな道、「巫」は巫女、「蠱（こ）」は呪いに用いる虫で、悪しき気、害毒などの意味があり、「巫蠱」は巫女が呪いをかけて人を呪うということです。いずれも道教系の方術を指していると考えられ、呪術の厭魅《えんみ》的一面が正史に記録されるほど知識人の間に浸透していたようすを知ることができます。人を呪う方術の具体的な方法をとしては、『日本書紀』の用明天皇二年条に、「太子彦人皇子の像と竹田皇子の像を作りこれを厭う」という記事があります。「厭う」は「まじなう」と読ませますが、相手に呪いをかけて呪うという意味です。この場合、「両皇子の像を作り、それに傷をつけてその死を祈る」ということになり、呪い殺すことを目的として人形代が用いられていたことがわかります。

こうした目的をもつものばかりではありませんが、この人形代が、古代の先進地域である平城宮、長岡宮、平安宮などの都や各地の国府を中心に、いまでは全国一一〇余カ所の遺跡から出土しているのです。人形代には木・金属・石・土製のものなどがありますが、大半のものは木製のものです。大きさは一ｍを越す等身大のものから五㎝ほどの小さなものまであり、一七～一八㎝程度のものが最も多いといわれています。滋賀県では、湖北町尾上遺跡、高島市針江川北遺跡、東近江市斗西遺跡、栗東市下鈎遺跡、守山市服部遺跡・大宮遺跡、草津市北萱《きたがや》遺跡、長浜市大戌亥遺跡・神宮寺遺跡、大津市上高砂遺跡・穴太遺跡など、主に平安時代の遺跡からの出土例が知られています。いずれも木製で、短冊状の薄い板材を加工したものです。正面からの全身をあらわすもので、頭の形は円いものや上が丸くまた三角形状に尖り、下が四角いもの、全体に四角いものなどがあります。服部遺跡のものでは目と口をわずかながらに見ることができるのにすぎませんが、よく残っているものでは、髪の毛、眉、目、鼻、口、鬚《ひげ》を墨書きし、頭部は切り刻み方によって被り物を表していると考えられるものもあります。手は側面から、足は下端から深く切り欠いて表現し、下鈎遺跡のもののように、胴部に三角形の切込みを入れて上下胴を区別するものもあります。胴部にも墨書きをするものが少ないながら見られますが、そのほとんどは体を表現するものではなく、呪いに関わるもののようです。こうした人形代の中には、平城宮から出土したもののように、両眼と胸のあたりに木釘を打たれたものがあり、『日本書紀』に記されたような呪詛《じゅそ》の存在を実証するものがあります。人形代は、こうした道教系の呪術の厭魅的一面を持っているのです。

求福除災・不老長生

呪符の末尾には「急々如律令」の言葉が必ず書かれます。この意味は「律令のように火急に実行せよ」という意味で、「早々に退散せよ」という意味にも用いられています。北方田中遺跡からは、平安時代末頃の井戸の中から呪符木簡が出土しています。この木簡では、一面に「水」と「永」を数文字ずつ組み合わせ、その下に「鬼」の字を一字、他面に「尸」を重ね書きし、その下に「鬼」を書き、両面とも末尾に「急々如律令」の文字を配しています。井戸から出土していることや「水」と「永」の組み合わせから、切れることなく永遠に水が湧き出ることを祈った呪符であることがわかります。「尸」や「鬼」の字は邪鬼を封じ込める意味合いを持たせており、井戸の水を飲んで病気などにならないように祈っているのです。こうした祈りを律令のごとく火急にかなえよと末尾に「急々如律令」の文言を配しているのです。

大津市東光寺遺跡では、平安時代後期の大規模な掘建柱建物の柱穴から呪符木簡が出土しています。二枚がセットになっており、そのうち一枚が「急々如律令」で結ぶものです。ともに解読が難しいのですが、建物の柱の跡から出土していることから、この建物に住む人の病気や災いを避けるために埋められたものだろうと考えられています。

上山神社遺跡からは平安時代末頃の土坑から呪符木簡が二枚出土しています。一枚の一面には「尸」で「金」また「鬼」を封じ込め、その下に「急」の一字が見えるので、おそらく、「急々如律令」の字があり、さらに「左方□」の字が書かれています。頭部を繰り込んだ通常の木簡を転用したもののようで、当初の文字が残っているのかもしれません。もう一枚には「急々如律令」の上に「鬼」を封じ込めた「尸」を書き、その横に「日」の重ね書きが見られます。邪鬼を退散させる呪符と思われます。これらは、同じ土坑から黒色土器や土師器の皿などとともに剣形代が出土しており、呪いを行った後に廃棄したものかもしれません。

このように、道教は呪殺を目的とするだけの宗教ではなく、健康で長生きを求める不老長生、福をもたらし、災いを除く求福除災に対する現世利益的な活動が本来の姿であったと思われます。平城宮、長岡宮、平安宮などの都を始め、国府関係の各種の遺跡を中心に呪物が数多く出土していることから、上層階級であり、知識層である官人たちの間で、求福除災・不老長生の呪いが盛んに行われていたことを知ることができます。こうした信仰がやがて陰陽道《おんみょうどう》などと結びつき、下層階級である民衆の間にも広まっていったものと考えられます。

流し雛

長浜市大戌亥遺跡の調査で、幅二五ｍに及ぶ川の跡が見つかっています。この川跡の最下層からは七世紀前半頃の須恵器類などが出土し、上層から中層にかけてからは、八世紀後半から九世紀前半頃の土師器、須恵器、木製品などとともに、人形代や斎串などの祭りに関わる木製品、金属製品、獣骨などが出土しています。これらは、何らかの理由で川に投棄され、淀みに堆積したものと思われますが、中でも人形代が一九枚も出土していることに注目したいと思います。大きさのわかるものでは、九・六㎝のものが最も小さく、最も大きいもので二〇・七㎝を計りますが、大半のものは

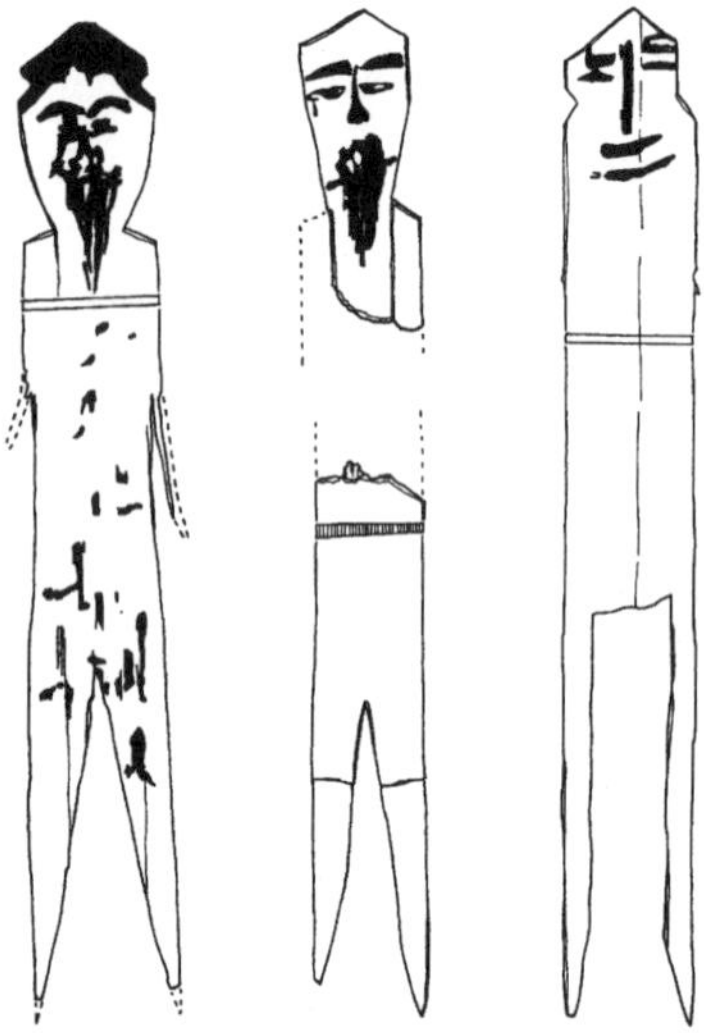
長浜市大戌亥遺跡出土の人形代

一四～一七㎝の大きさのものです。いずれも幅が一・七～三㎝、厚みが二㎜程度の薄板を用いたものです。頭部は、丸いもの、六角形状のもの、頂部を三角形状に切り落とすものなどがあります。中には、三角形の頂部の両側に三角形の切込みを入れ、また、さらに頂部にも切込みを入れたものがあり、烏帽子《えぼし》を表現しているように見えるものがあります。さらに、丸髷《まるまげ》のようなものを付けたものも見られます。顔には、太く丸みのある眉、切れ長で瞳を描く目、小鼻まで描く鼻、口は直線で描き、鼻の下から長く伸びた顎鬚《あごひげ》などを墨書きするものが大半を占め、烏帽子状の刻みを施すものではその部分を墨で塗りつぶしています。鬚を描かないもので顎を表しているものもあります。両腕は側面を下から切り込んで作り、両足は下端から三角形状に切り落として作り、その先端を尖らせ、地面に差し込めるようになっています。特に上下胴の区別をしているものはありませんが、両腕を作るために側面を切り込んでおり、腰の部分のくびれができています。体部にも墨痕の見られるものがありますが、何を表現しているのかわかりません。裏面は、烏帽子部分や頂部にだけ墨を塗るものがありますが、大半は何も描いていないので、正面だけを意識したものとなっています。

人形代は、穢れや病気などの疫病神などを一身に背負わせ、清浄な川に流して他界に送るために用いられ、そのために馬形代や船形代、刀形代などの道具を必要としたようです。この遺跡からも刀形代や剣形代なども出土していますが、人形代との関係は明確ではありませんでした。ただ、祭りの場の結界などに用いられる斎串が、三カ所の地点で、同じ大きさ、同じ形、同じ材料のものが、一部重なった状態のものを含めて、七枚から九枚がほぼ同じ位置で出土しています。そのうちの一カ所で、斎串七枚とともに人形代が一枚重なるように出土していました。このことは、人形代に七枚以上の斎串を用いる祭りのあったことを示すとともに、人形代を用いた祭りの場がこの川の近くのどこかに設けられており、そこでの祭りの後に川に流し去ったことをも物語っています。

墨書人面土器

人面の特徴

壺や甕の外側に人面を描く墨書人面土器も奈良時代に新たに登場する祭祀の道具の一つです。今から二七年ほど前、全国でまだ二六例程度しか出土していなかった頃に、出土遺跡の性格や出土遺構の特徴、人面の表現方法などを検討し、その性格について考察したことがあります。その後、例えば奈良県の平城京右京八条一坊の西一坊々間側溝から七〇〇個体、長岡京市の長岡京西山田遺跡から数百個体が出土するなど、秋田県秋田城跡から佐賀県水江遺跡までの間で膨大な数の資料が知られるようになり、滋賀県でも、守山市中洲の下新川神社付近から出土したと伝えるもの、野洲市下々塚《げげづか》遺跡出土のものなどの例が知られるようになりました。しかし、基本的な考えを変更することはないので、当時の論考を基にその後の研究成果などを加えて紹介することとします。

墨書人面土器は平城京、長岡京、平安京およびそれらの周辺からの出土が最も多く、これらの地域では専用の土器が作られていたといわれています。墨書人面土器の最も古い例も奈良時代前半の平城京から出土しています。その後奈良時代中頃から後半の頃に盛行し、平安時代頃までのものが知られています。出土する場所については、平城宮の井戸跡出土などの特異な例を除けば、長岡京では川跡、平城京では坊間路の側溝、静岡県伊場遺跡では人工の大溝などから出土しているように、ほとんどが流水のある溝や河川と考えられるところから出土しているのです。このことは時代に関係なく共通した出土位置の特徴となっており、墨書人面土器を使用するにあたって、川や溝の「流れ」が重要な役割を果たしていたことを知ることができます。

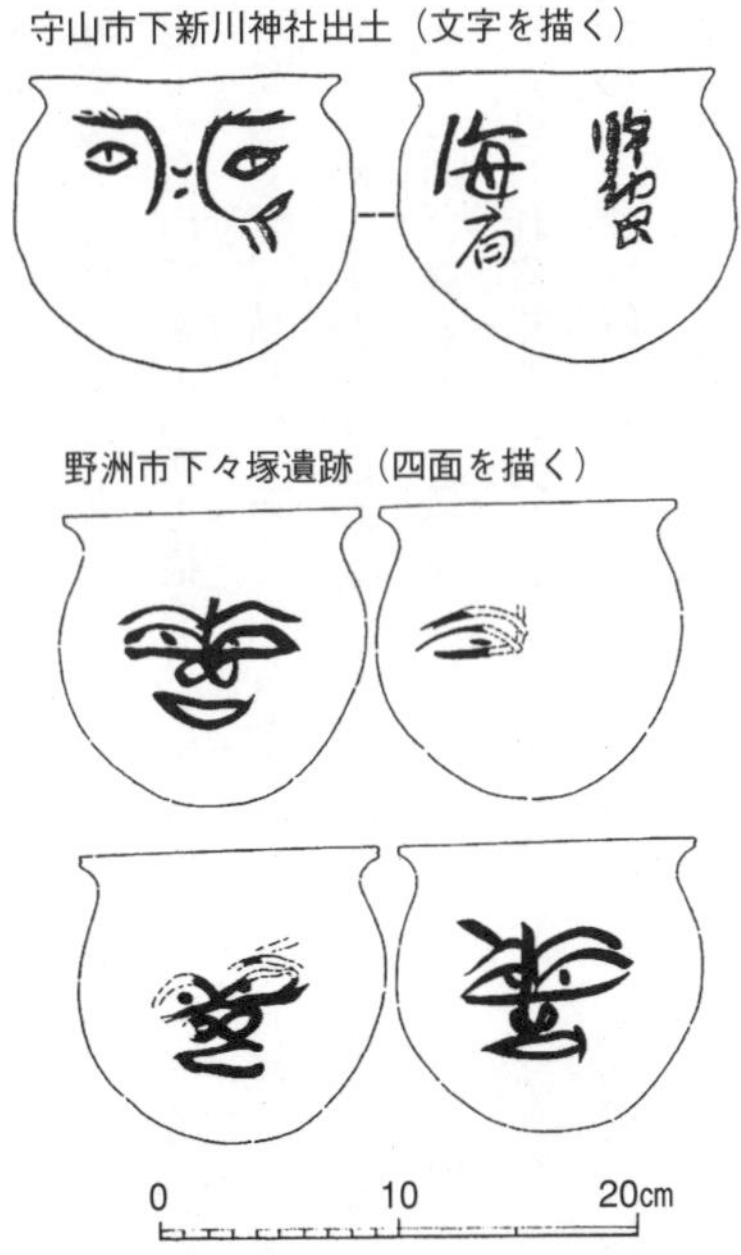

墨書人面土器

次に、墨書される人面の数は、一面、二面、四面のものがあり、八面のものもあるといわれていますが、三面や五面以上のものは知られていません。二面のものが最も多く出土しています。複数を描く場合、二面ではちょうど対面に、四面の場合は四等分したそれぞれの位置に配されて、二面以上が接して描かれることはなく、等間隔に配分されています。

複数の場合、人面の表現方法にも特徴があります。二面の場合では、同一の表現方法を取らず、四面の場合では、共通表現のものを二面ずつ描き、それぞれを対面に置いて隣り合う人面の表現を違えているのです。四面を描く下々塚遺跡の例では、眉、目、口などの表現は共通しているのですが、鼻に関して、横八の字形に描くものと鼻筋の直線とその下端に小鼻を描くものとの二種類があります。聖徳太子のように鼻鬚や顎鬚を描くものが多く、耳を描くものも少なからず見られます。鬚のあるものとないものとが同じ土器に描かれることもあります。時期が下るかあるいは地方での特徴かと思われる特殊な例としては、顔の輪郭を描くものがあり、また、烏帽子や頭髪を表現するものがあります。時期が新しくなると若干変化しますが、いずれも稚拙ながら正倉院御物《ぎょぶつ》の布作面などの表現に非常によく似ており、いかにも恐ろしそうな顔のものが多いのです。

出土遺跡の特徴

人面を墨書する土器は、把手の付いた煮炊きに使う日常的な甕や、胴の長い大型の甕などが用いられたりするなど、時代や地域によって少し異なりますが、使用されている土器の大半は球体の体部に広い口を持ったもので、奈良時代の中頃には専用の土器が作られたと考えられています。また、新しくなれば人面の表現にも少し変化が見られますが、人面の配置や基本的な表現法、出土遺構の特徴などの原則的な点はいずれの場合も共通しており、時代や地域によって少し変化しながらも、墨書人面土器が単なる戯画ではなく、何らかの共通した目的をもって製作され、用いられたものであったことがわかります。さらに、平城京からの出土品では、土器の形、高さや口の大きさなどの法量が決められ、それらが入れ子にできるように作られていたことが明らかにされています。このことは、墨書人面土器がもともと一個以上、大小複数個を組み合わせて用いられることを前提としたものであったことを示しています。すなわち、一つの土器に描かれる人面の数には一面、二面、四面があり、これらを組み合わせることで人面の数を調整して用いられていたと考えられるところに、墨書人面土器の性格が隠されているように思われるのです。

以上から、墨書人面土器は、それを作るための土器の形、人面を描く際の表現方法、特に二面以上描く場合の配置法などに原則的な習わしがあり、それを一個以上、複数個を組み合わせ、人面の数を調整していたこと、さらに、河川や溝、運河などに流されていたことなどの共通した特徴を持っており、そのことを奈良時代から平安時代にかけての長い間守られていたことを知ることができるのです。墨書人面土器は、北は秋田県から南は佐賀県までの広い範囲に分布していますが、分布の中心は平城京、長岡京、平安京などの都城およびその周辺にあり、畿内以外であっても国府や郡衙などの地方の役所やその周辺など、外来の思想がいち早く伝わったと思われる当時の先進的な地域に集中しています。こうした出土地域からは、やはり外来的な呪殺や病気の治癒などを願った人形代などの出土もよく知られています。従って、墨書人面土器も律令制が取り入れられた奈良時代に新たに登場する道教系の呪術的な祭祀道具の一つと考えられます。滋賀県には奈良時代に紫香楽《しがらきの》宮《みや》が置かれます。現在の甲賀市にある宮町遺跡がその有力地と考えられるようになってきています。この遺跡からも多数の墨書土器とともに墨書人面土器が出土しています。また、湖南地域の野洲市下々塚遺跡や守山市の下新川神社付近からも出土しています。これらの地も、こうした外来の思想をいち早く受け入れるための環境を備えていたことを示していると考えられます。

「餓鬼祭」と墨書人面土器

墨書人面土器は律令制が取り入れられた奈良時代に新たに登場する道教系の呪術的な祭祀道具の一つで、一個以上、複数個を組み合わせることで描かれた人面の数を調整し、これを川などに流して用いたことがわかっています。それではどのような目的で用いられたのでしょうか。

平安時代に編纂された『延喜式』の「四時祭大祓《おおはらえ》条」で、主に六月と十二月の晦日に行われる罪穢を去り、災厄を払い清める「大祓」の行事に供される一対の坩《つぼ》（壺）がこの系統のもので、『西宮記』には天皇がこの坩に息を三度吹き込むことが見え、このことからさかのぼって墨書人面土器の性格と用い方が復元されています。

また、墨書人面土器の考古学的なデータと非常によく似た風習を『呪詛重宝記《じゅそちょうほうき》』の中から見出すことができます。これは江戸時代に刊行された書物ですが、その第五三番目の「長病人餓鬼《がき》まつりの事」に次のような事柄が書かれています。すなわち、長病人の干支に従って付く餓鬼の数が決まっており、その数だけの鬼の字を書き、人形と一緒に置き、さらに餓鬼の数と同じだけの餅を加え、不動の陀羅尼を百編唱える、こうした供養を終えた後に、符と餅を「かわらけ」に入れて川へ流すというものです。餓鬼の数は、「子《ね》の年の人には餓鬼一人、丑の年の人には八人、寅の年の人には七人、卯の年の人には五人、辰の年の人には二人、巳の年の人には五人、午の年の人には五人、未の年の人には九人、申の年の人には五人、酉の年の人には五人、戌の年の人には二人、亥年の人には二人が付いている」とされています。これは長病人に付く餓鬼を取り除く「餓鬼祭」の風習で、墨書人面土器が持っている要素と比べてみると、まず、符と餅を入れた「かわらけ」を川へ流すという行動があげられます。次に、干支によって描く餓鬼の数が決まっている点です。その数は、一、二、五、七、八、九の六種類に分かれています。墨書人面土器では一、二、四の三種類のものがほとんどですが、これを組み合わせることで人面の数を調整できます。不動陀羅尼を唱えるなどの仏教的要素が加わり、人面が「鬼」という字に変わり、土器がこの場合たぶん紙のお札が用いられ、「かわらけ」に入れて流すなど、年代の隔たりがそうしたものを変化させていますが、呪術の持つ本来的な内容は比較的長く保持されているのではないでしょうか。

守山市下新川神社出土と伝える墨書人面土器は、非常に数の少ない文字を書き入れたものとなっています。判読ができないのですが、静岡県伊場遺跡出土のものに、土師器の杯の内側に、人形の絵に「海マ屎子女形」と人名かと思われるものを記すものがあります。守山市出土のものも、悪霊の退散を祈った人の名前なのでしょうか。

馬と祭祀

馬の利用と祭祀

わが国における馬の利用は四世紀末頃からで、北部九州に轡や鐙《あぶみ》など乗馬に必要な最低限度の馬具類がもたらされ、少し遅れて畿内にも伝わったとされています。しかし、乗馬の風が具体的に記録に現れるのは六七二年に起こった壬申の乱の時の騎馬兵が初めてとされています。また、古墳の副葬品として多数出土するようになるのは、六世紀後半頃、横穴式石室を持つ群集墳が各地に多数築造されるようになってからで、この頃から馬の利用が広く浸透していったと考えられています。それ以前では、畿内の場合などのように、伝来当初から装飾的な要素が極めて強く、実用性よりも権威の象徴としての儀乗用馬として利用されていたのではないかと考えられてきました。古墳に飾られる馬形埴輪の多くも装飾馬であり、副葬される馬具類の多くも鉄地金銅張などの実用性の少ないものが非常に多いのです。ところが、東近江市堂田遺跡から当時わが国で最も古いとされた五世紀後半頃の馬鍬が出土し、最近では、東近江市石田遺跡からさらに一〇〇年ほどさかのぼる四世紀末か五世紀初頭頃の馬鍬が見つかり、馬と人との密接な関わりが、馬具類の伝来とほとんど同時に存在していたことがわかってきたのです。

　馬の飼育に関しても、『日本書紀』天武天皇十二年条を始め『日本霊異記《にほんりょういき》』、『倭名類聚抄《わみょうるいじょうしょう》』などの文献に、河内国讃良《さら》郡（生駒《いこま》山地西北部西麓の地域で、今の大阪府四條畷《しじょうなわて》市を中心に北は寝屋川市の一部、南は大東市の大半を占める）に馬飼の氏族集団が居住していたことを示す記事が見られ、七世紀以降この辺りで馬の飼育が行われていたことが知れます。牧に係わる遺跡はまだ見つかっていませんが、生駒山地西麓付近では、五世紀後半から六世紀始めにかけての頃の遺跡から馬を埋葬したと思われる遺構や、五世紀中頃の馬を犠牲に祭祀を行なったと思われる跡が見つかっています。また、これらの遺跡からは、塩を焼くとともにその容器にもなる製塩土器が大量に出土しています。塩は馬の飼育には欠かすことのできない必需品で、この付近で牧が開かれていたことが想像でき、埋葬や祭祀の遺構は、馬の飼育に関った人々の残した痕跡であったと考えられます。また、朝鮮半島との関りの深い陶質土器や韓式系の土器などが見つかっていて、馬の飼育が新しく伝わってきた文化であることをも示しています。

このように、馬の利用は四世紀末頃までさかのぼることができ、また、飼育に関しても五世紀後半頃までには行われていたようです。これに伴って遅くとも五世紀中頃にさかのぼる馬に関る祭祀も始まります。先に書いたように一つは馬の埋葬です。これには土器類、手づくね土器、土製の人形や馬形、滑石製臼玉、また、木製の舟形や剣形、滑石製の紡錘車や有孔円盤などの祭祀具が出土していて、埋葬に伴う祭祀のあったことが知れます。また、馬の頭部だけを埋納した遺構が見つかっています。『日本書紀』皇極天皇元年条に、干ばつの時、村々で牛や馬を殺して河の神に祈る雨乞いの祭りの記事が見られることから、水神信仰の犠牲馬と考えられています。こうした新来の馬の文化が、六世紀後半以降わが国に定着し、七世紀以降多数見られるようになる文献記事、土馬や木製の馬形代、絵馬などの考古資料が示す古代の祭祀にもつながって行くのです。

土馬

飛鳥・白鳳時代の土馬

土馬は、確実に古墳時代にさかのぼるものがほとんどないといわれています。竜王町鏡山古墳の横穴式石室から出土した陶馬や、栗東市岡遺跡の調査の時に発見された直径一八・五ｍの円墳（地山四号墳）の周溝から出土した土馬のように、古墳から出土する場合が多々あります。しかし、土馬に装飾される馬具の有無や馬具の型式などの研究から、それが古墳への副葬品ではなく、いずれも七世紀以降に作られたもので、古墳を二次的に利用した祭祀に用いられたものであるということがわかっています。地山四号墳の場合もその周溝が廃棄場として利用されたらしく、土器類や硯《すずり》など多量の奈良時代の遺物に混じって出土しています。

滋賀県内出土の土馬の中で、ほぼ確実に時代のわかるものでは、野洲市和田遺跡から出土したものが最も古いものと思われます。ここでは、幅二mほど、深さ七〇～八〇cmの人工的な溝から一個体分の土馬がバラバラの状態で見つかっています。土馬が出土した同じ堆積層からは七世紀前半にさかのぼる土器類など大量の遺物が一緒に出土しており、土馬も同じ頃にこの溝へ棄てられたものと考えられています。バラバラの状態が故意に割られたものか、棄てたときに割れたものかわかりませんが、左の前脚と右の後脚、それに尻尾を少し欠いた状態で復元されています。中空の胴体に頭部、脚部などを接合していく作り方で、目や口、鼻の穴などは篦で刻んで表現され、手綱を線刻している以外に馬具の表現はなされていません。

大津市の大津城跡の調査では、大津城跡の下層で、七世紀後半頃、大津宮が造営された頃の流路が見つかっています。この流路の岸辺付近から先端が焦げた木片とともに土馬の破片が出土しています。頭部の小破片ですが、轡を付けて手綱を取り付けるための面懸《おもがい》が粘土紐を貼りつけて表現され、革紐が交わる部分を留める鋲《びょう》を描くなど忠実に表現されています。耳を貼り付けた痕跡が残り、立て髪には並行した刻線が施されています。耳の後ろで立て髪の下に竹の管を押し付けた文様が見

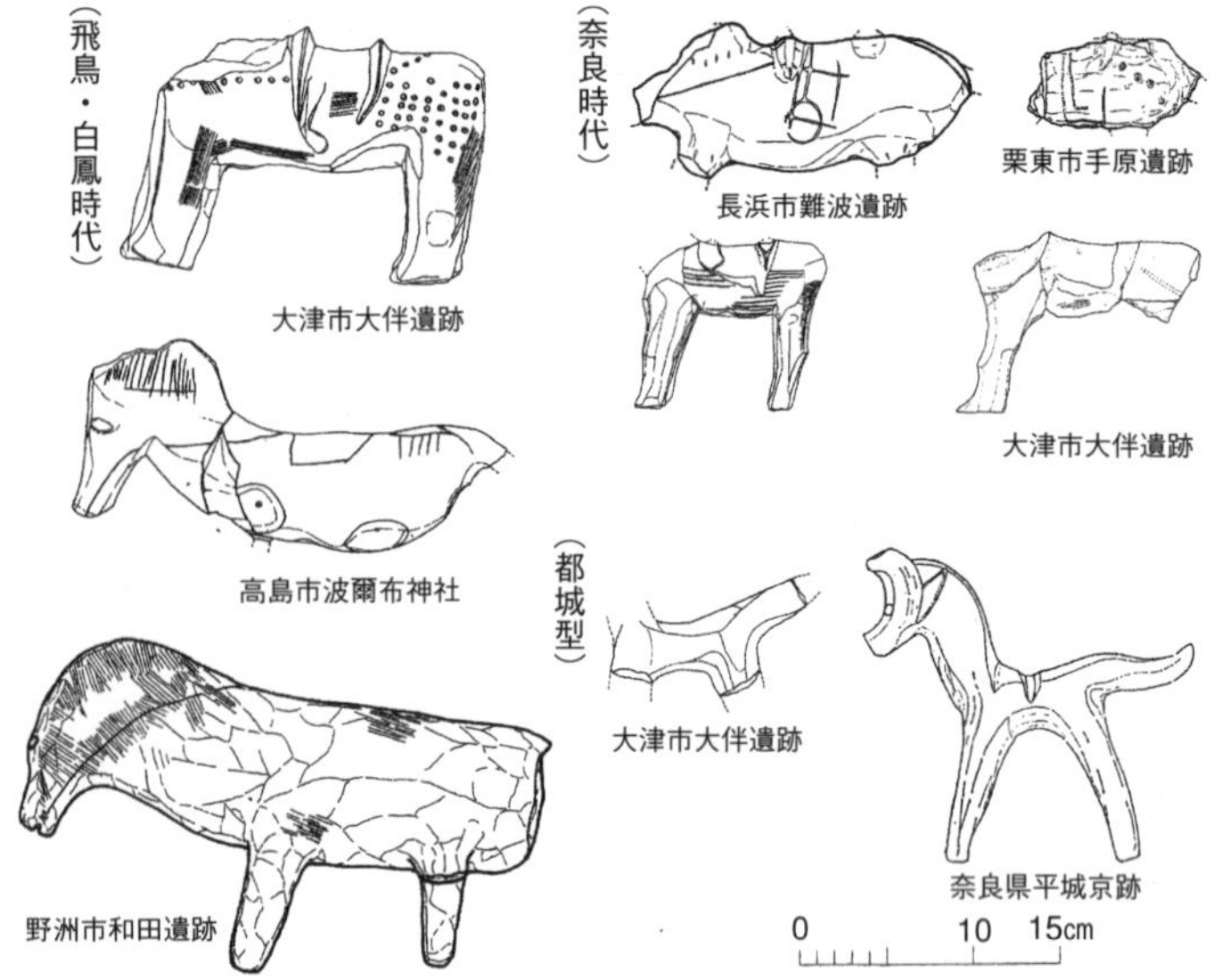

土馬

られます。面懸や尻懸《しりがい》、手綱《たづな》などの革紐をこの竹管で表現するものがよく見られますが、この場合は手綱になるのでしょうか。

時代のはっきりしている和田遺跡と大津城跡のものの他に、神社横の丘陵の斜面を掘削した際、不時に発見された高島市波爾布《はにふ》神社のものや大津市大伴遺跡の一例なども型式や一緒に発見された土器などから七世紀中頃以前のものである可能性があります。大伴遺跡のものは尻尾と頭部を欠き、鞍と鐙を粘土紐で作り、手綱や尻懸などは大津城跡のものに見られる竹管文を並べて表現しています。波爾布神社のものは脚と尻尾を欠き、手綱や鞍は線刻されていますが、和田遺跡のものと比べて一層写実的に描かれています。

奈良時代の土馬

長浜市難波遺跡のものは工事中の発見ですが、奈良時代の土器と一緒に採集されています。頭部と四肢脚を欠いていますが、鞍を粘土で作り、泥障《あおり》（鞍の下のマット）と鐙、手綱と尻懸を線刻ながら忠実に描いています。鐙は円で表現されていることから輪鐙を用いたものであることがわかり、胴部もふくらみがあって、極めて写実的な形態に仕上げています。この遺跡からはほぼ同じ形状・表現のものがもう一点採集されています。

栗東市手原《てはら》遺跡では、一部しか検出されていないので幅や深さなどは不明ですが、直線的な溝跡から八世紀前半の土器とともに出土しています。胴部の一部を残すだけですが、難波遺跡と同様に鞍を粘土で、泥障や鐙を線刻で表現しています。手綱と尻懸は大伴遺跡や大津城跡などの七世紀にさかのぼると思われるものに見られる竹管文を連続させて作る線で表しています。大伴遺跡の二点は鞍と泥障を粘土で作る他、脚の膝や蹄《ひづめ》の表現が他の土馬に比べて非常に写実的に表現されています。別の一点では尻の部分に肛門を表していると思われる穴が開けられています。以上の三遺跡のものは八世紀でも比較的早い段階のものですが、飛鳥・白鳳時代のものに比べると馬具や馬体の形状などが比較的写実的な表現になっています。

大和では、土馬は九世紀後半頃に小型化し、十世紀頃に入るとやがて作られなくなるといわれています。しかし滋賀県では今のところ、平安時代に下るものだけではなく、奈良時代後半のものも知られていません。また、これまでに大津・栗東・野洲・竜王・長浜・高島の六市町の八遺跡から土馬が出土しています。この他詳細は不明ですが、大津市唐崎、大津市崇福寺付近、草津市矢倉遺跡、長浜市西上坂町などでも土馬が出土しているといわれています。このように滋賀県では、飛鳥時代から奈良時代前半頃を中心に、県内の各地で土馬を用いた祭祀が執り行われていたと考えられます。

陶馬と都城の土馬

土馬には、陶馬《とうま》と呼んで土師質のものと区別している須恵質のものがあります。陶馬にも確実に古墳時代にさかのぼるものはなさそうです。県内では竜王町鏡山古墳の横穴式石室から出土したと伝える体長一〇cmほどの小さな陶馬があります。県内唯一のもので、脚部が左後脚を残して失われていますが、非常に写実的に作られています。馬具はわずかに鏡板《かがみいた》（轡の両端につけられる装飾品）が粘土を貼り付けて表現されているだけで、他の装飾は見られません。陶馬は、土師質のものとは違い、須恵器を焼く高温の窯でしか作ることができません。実際に各地の須恵器窯跡から出土していて、須恵器生産の傍らで作られていたことがわかります。須恵器窯で作られた須恵器は各地に流通し、大和の都城へも貢納されていますが、陶馬は都城からはまだ発見されていないといわれています。つまり、陶馬は、須恵器を作った地元での祭祀に使うためにつくられたものと考えられているのです。鏡山古墳付近の丘陵では、七世紀から八世紀初めにかけての頃、近江における一大須恵器生産地である鏡山古窯群が営まれています。鏡山古墳の陶馬もこの鏡山古窯で作られたと考えられるもので、二次的に古墳を使った祭祀に用いられたものと思われます。

大和の都城では七世紀後半以降に土馬を使った祭祀が定着していきますが、そのことに応じて都城型と称される特徴ある土馬が作られるようになります。頸が長く立ち上がり、胴が短く、脚が長く外側に開き、全体にスマートな姿をした土馬です。時代とともに尻尾がぴんと跳ね上がるなど少しずつ変化しますが、九世紀後半頃、非常に小さくなって子犬と間違えるような形になり、十世紀に入ってやがて姿を消していくと考えられています。この都城型《とじょう》と呼ばれる土馬は、大和の都城とその周辺の畿内地域に限られ、畿外での分布は極めて少ないとされています。その希少な例が、滋賀県では大津市の大伴遺跡にあります。ここからは一一点もの土馬が出土していますが、大半が大伴神社を移転した際の撹乱層や整地層からの出土で、もともとの出土状況ははっきりしません。この中に都城型と思われるものが少なくとも二点出土しています。それぞれ胴の部分と脚の部分を残すだけですが、短い胴と外側に開いた長い脚、多分上に跳ね上がるものと思われる尻尾や長く立ち上がるであろう頸などに都城型の特徴を見ることができます。土馬は、陶馬のようにそれぞれの地域での特色をもって作られ、使用されるものですが、大伴遺跡が大和に近い大津市に位置するだけでなく、大和の都城とのかかわりの極めて深い遺跡であったことを物語っています。

打ち欠かれた土馬

これまで紹介してきた土馬の特徴をまとめてみましょう。まず、和田遺跡の一例を除いていずれも裸馬ではなく、飾り馬であることをあげることができます。従って土馬は農耕馬と考えるよりも貴人や神の乗物として作られた見ることができるでしょう。

次に出土の状態ですが、野洲市和田遺跡、栗東市手原遺跡、大津市大津城跡の三カ所が人工的な溝や自然の流路で見つかっています。栗東市地山四号墳と竜王町鏡山古墳は古墳の周溝や横穴式石室からの出土です。他は工事中の発見や工事後の整地層などからの出土で詳しいことはわかりません。高島市波爾布神社では神社南側の丘陵の斜面から出土したと伝えられています。大津市大伴遺跡では旧河川が見つかっており、土馬などの祭祀遺物がこの河川と密接な関係にあると報告されています。長浜市難波遺跡も湧水の激しい低地からの出土で、自然河川と関りのある遺跡のように思えます。すなわち今回紹介した八遺跡のうち、人工的な溝や自然河川と思われる遺構からの出土が五遺跡、古墳との関係が伺えるものが二遺跡、丘陵斜面からが一遺跡という内訳になっているのです。このことから、土馬が水との関りの深い祭祀遺物であり、少数ながら古墳を使った二次的な祭祀にも用いられ、その他丘陵斜面での何らかの祭祀にも用いられていたことがわかります。

もう一点は、ほとんど完形品のないことです。大伴遺跡の一例に頭部を欠くものがありますが、これが最も残りのよいもので、和田遺跡の尻部と左前脚、右後脚を欠く例も比較的よく全体を知ることのできるまれな例なのです。地山四号墳では口の部分と四脚、波爾布神社は四脚、難波遺跡は頭部と四脚が欠けています。鏡山古墳の陶馬も脚部は左後脚を残すのみとなっています。このように完形品が見られないことは、土馬は打ち欠いて使用するものであったのではないかと考える根拠になります。そうだとすれば大津城跡の頭部の小片や大伴遺跡の脚部だけの破片は打ち欠かれた方の一部であった可能性があります。

以上のような特徴は滋賀県だけではなく、大和の都城やその他各地のものと共通しています。これらの特徴のうち土馬に完形品がほとんどないということについては、土馬は本来貴人や神の乗り物と考えられていましたが、疫病神の乗り物に転じ、その馬の脚などを折ることで馬の自由な行動を奪い、溝や川に流し去ることで、疫病神の猛威を事前に防ごうとする祈りを込めて献じられたとする考えがあります。溝や川などから出土することの多いこともこの考えの元になっています。

殺牛馬と土馬

『日本書紀』皇極天皇元（六四二）年七月二十五日条に、「村々の祝部《はふりべ》の所教《おしえ》の隋に、或は牛馬を殺して諸の社の神に祭る。或は頻に市を移す。或は河伯《かわのかみ》を祷《いの》る。既に験効なし。」とあります。このあとに、仏教式の祭りでも微雨、天皇の祈願で大雨が降ると続く内容で、天皇が行なう祭りを礼賛する内容なのですが、一般的な雨乞い祭りとして、牛馬を殺して神に奉げる方法、市場を違う場所に移し、門を閉じて人を入れないで行う方法、水霊を祭って雨を祈る方法などが行われていたことがわかります。このうちの殺牛馬については、後の『続日本紀』天平十三（七四一）年二月七日条、延暦一〇（七九一）年九月十六日条など牛馬の殺生を禁止する記事がたびたび見られ、『日本霊異記』や『類聚三代格』に牛を殺して祭った百姓や男の話もでてきます。たびたびの禁断の記事から、こうした祭りが一般民衆の間に深く根付いていたことがよくわかります。実際に六世紀に屠殺された馬の発掘例が報告され、平城・長岡・平安京の各都城の道路側溝などからも屠殺された馬が発見されています。『日本書紀』の記事から殺牛馬が雨乞いの祭りで行われる行為であったことがわかります。朝鮮半島の民俗事例にも、神聖な場所を屠殺した動物の血で汚し、また遺体の一部を埋めて不浄にすることで、不浄を嫌う神が雨を降らせて清めることを強制する雨乞いの祭りがあったといわれています。しかし、農村以外の都城で行われたり、個人的な祭りで屠殺が行われたりする場合もあったようで、そうした場合は雨乞い以外の祈願があったように思われます。朝鮮半島の民俗事例に流行病を防ぐ祭りに動物の生贄《いけにえ》を奉げる風習があったようです。個人の祭りや都城での祭りは疫病神の退散を願ったものだったのでしょうか。

このように日本でも牛や馬を殺して行う祭りが行われていたことがわかります。これが中国式の漢人の祭りと意識されていたようですが、日本にも本来あった風習とする意見もあります。ともかく、雨乞いや疫病神の退散を願って行われてきた祭りと思われますが、たびたび出される禁断の記事は、そうした祭りを禁止するのではなさそうで、貴重な牛や馬を殺してしまうことを危惧してのことと考えられます。このことから、生き馬の変わりに土馬が用いられたのではないかとする考えがあります。雨乞いのために生き馬を献上する替わりに「板立の馬」で代用することも行われていました。「板立の馬」は絵馬あるいは木製の馬形代の可能性がありますが、それらが生き馬の変わりとして認められているのです。土馬の場合も、その脚や頭部などを壊して、屠殺を擬制したのではないかと考えることができます。土馬に完形品の少ないこともそうすれば十分に説明することができるでしょう。なお、野洲市北桜南遺跡から県内唯一の完形品の土馬が出土しています。馬形代が罪穢を背負った人形を「根之国底之国」へ運ぶものともいわれています。数少ない完形品の土馬には、そうした役割を担うものもあったかもしれません。

絵馬

「黒毛祓」と雨乞い

『日本書紀』に続く『続日本紀』から六番目の『三代実録』までの六国史の記録を見ると、文武《もんむ》天皇二（六九八）年から仁和《にんな》三（八八七）年の一九〇年間の間に、丹生川上《にうかわかみ》神社（奈良県）と貴船《きふね》神社（京都府）に対して行われた雨乞いまた雨が止むように祈願して行われた神馬の奉献が三七回に及ぶといわれています。馬が水霊信仰と関わり、水神への奉げものであったことがよくわかります。

そうした中で、『続日本紀』天平宝字七（七六三）年五月二八日あるいは宝亀二（七七一）年六月十日に、雨を願って大和国丹生上社に「黒毛馬」を奉献している記事が見られます。また、同じ『続日本紀』宝亀六（七七五）年九月二十日と八月八日の記事では、長雨が止むのを祈願して丹生川上社に「白馬」を献じています。さらに、宝亀元（七七〇）年八月一日には、日食の時に「赤毛馬と鹿毛馬」を伊勢太神宮、若狭彦神、八幡神宮などに奉献している記事を見ることができます。すなわち、雨乞いには「黒毛馬」、長雨を止めるには「白馬」、日食には「赤毛馬・鹿毛馬」と、祈願する内容によって馬を使い分けていたことがわかります。また、雨乞いや長雨を止めること以外でも馬の奉献が行われていたことがわかります。

神馬の奉献はすべてが生き馬で行われてはいなかったようです。奈良時代から平安時代にかけての宣旨や太政官符を集めた『類聚符宣抄』の天暦二（九四八）年五月七日に、祈雨のため黒馬二疋を丹生川上と貴船に奉献するよう左右の馬寮に命じていますが、もしそうした馬がいなければ「板立御馬」で代用してもよいとしている記事を見ることができます。これを受けて同じ年の六月十一日に代用の「板立馬」が献じられています。また、『肥前国風土記』佐嘉郡の条に、佐嘉郡の西の方に佐嘉川という川があり、ここに往来の人々を半殺しの目に合わせる荒ぶる神がいるが、下田村の土で人形と馬形を作ってこの神を祭れば、必ず和やかに応じてくれる、という内容の記事が見られます。このように、雨乞いなどの祭りに木で作った馬が代用され、荒ぶる神をなだめるために土馬と土人形が奉献されていたことがわかります。遺跡からは土馬は出土しますが、土人形は数が少なく、滋賀県では古墳時代に守山市赤野井湾遺跡と安土町小中《こなか》遺跡から三例が出土しているにすぎません。以降では板を切った人形がほとんどです。ともかく、「板立馬」は絵馬、あるいは馬形代を指していると思われます。

なお、湖北町尾上遺跡からは「黒毛祓」と墨書した馬形代が出土しています。これは長方形の薄板の端を下から三角形状に切り込みを入れてこの部分に顔を描き、中ほどの上部を窪めて鞍部にした単純な形のもので、胴にあたる部分に墨書が見られるのです。『続日本紀』の記述にあるように、黒毛馬は雨乞いの時に奉献される神馬で、尾上遺跡では馬形代で代用されていたのです。

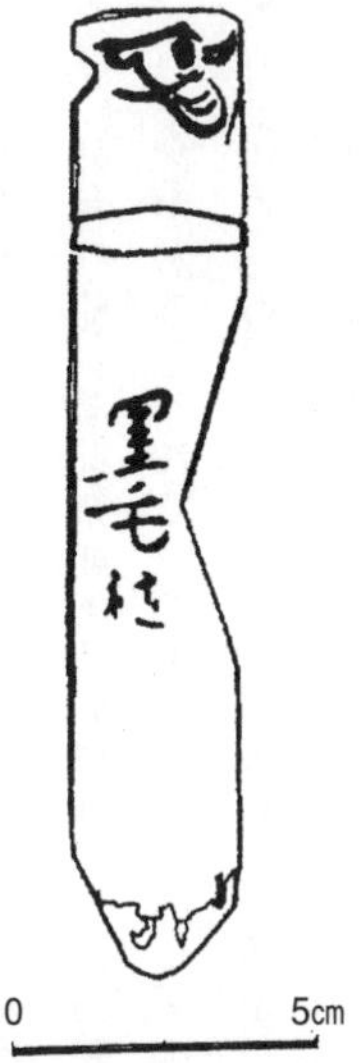

湖北町尾上遺跡出土の木製馬形代（馬の顔と「黒毛祓」の墨書が見られる）

絵馬

土馬や馬形代などの性格に関して、それらが出土した遺構や出土状況などから、水霊祭祀、祈雨祭祀、峠神祭祀、墓前祭祀あるいは葬制に関る祭祀、神社祭祀、井戸祭祀、河川祭祀などに係わるものなどがあるとされています。土馬に関しては、完形品がほとんど出土しないことから、疫病を事前に防ぐため、疫病神の乗物である馬の脚などを意図的に壊して流したとする理解や度々禁断される殺牛馬を伴う祭祀で生き馬の代わりに用いられたとする考えなどが加わります。また、肥前国では荒ぶる神を鎮めるために土人形とともに用いられています。さらに木製の馬形代が、人形代と斎串を入れた長甕や壺の周囲に斎串・刀形代とともに配された遺構が見つかったことから、「馬形は罪穢れを負った人形を根之国底之国に運ぶ」もので、「祓え」の祭祀に登場すると説明されています。滋賀県からは「黒毛祓」を墨書する木製馬形代が出土して、資料に述べられる祈雨などの祭祀に用いられる「馬形」の一つが木製の馬形代であることを明らかにしたのです。これらの土馬や木製馬形代は、本来奉献されるべき生き馬の代用として用いられたのです。

生き馬の代用については、『類聚符宣抄』天暦二年に見られる「板立馬」は絵馬と考えられています。考古資料としての絵馬は、奈良・平安時代のものが一一遺跡から二三点が出土しています。その中で最も古いと思われるものは、奈良県平城京三条二坊五坪の藤原麻呂邸南の二条大路の濠状遺構から出土したもので、天平七・八年の年紀の見られる荷札木簡が伴出し、年輪年代測定で七三七年と測定されています。縦一九・五㎝、横二六・八㎝の小型のものです。右向きの馬が非常に写実的に描かれています。体部を赤色顔料で、鞍と障泥を白色の顔料で彩色し、障泥には別の顔料で

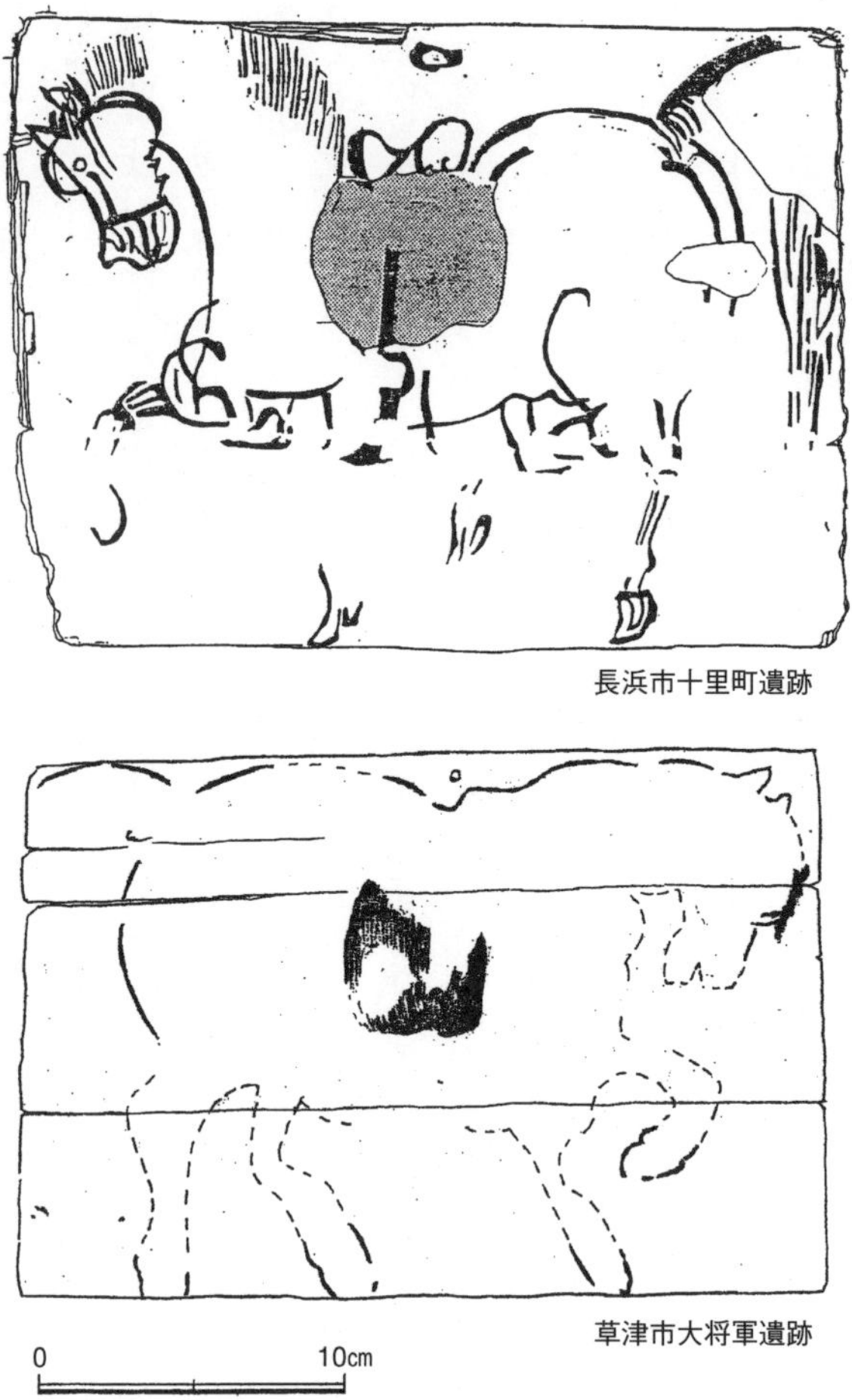

長浜市十里遺跡と草津市大将軍遺跡出土の絵馬

斑紋風に文様が施されていました。また、手綱と胸懸および尻懸の他に、壺鐙《つぼあぶみ》と思われる鐙が描かれています。

滋賀県では、草津市大将軍遺跡と長浜市十里町遺跡の二カ所からそれぞれ一点ずつが出土しています。大将軍遺跡のものは、奈良時代後期から末期の井戸から出土しています。墨書土器、曲物、柄杓《ひしゃく》、斎串、形代、漆器などとともに出土したもので、年輪年代で七七六―八〇〇年の年代が測定されています。縦一六・五㎝、横二六・五㎝、厚さ〇・五㎝で、平城京のものよりわずかに小型で、ヒノキの板を使っています。馬は輪郭の墨痕をわずかに残すだけでしたが、板の色調の差異などから馬の全体の輪郭を知ることができました。左向きの多い絵馬の中で最古の平城京のものと同様に右向きで描かれていること、彩色が施されていた可能性のあることなどがわかりました。また、この絵馬の上端の中央に穴が開けられており、ぶら下げて用いられたものであることがわかります。このことと、土馬や馬形代などが井戸から出土する例が比較的少ないことから、斎串や形代などの他の祭具とセットで他の場所で使用され、後に井戸に投棄されたものと思われます。

十里町遺跡出土の絵馬は、縦一六・八㎝、横二三・七㎝、厚さ〇・七㎝で大将軍遺跡のものよりわずかに小さい小型のものです。この絵馬は平安時代初期のもので、大将軍遺跡のものより残りがよく、躍動感あふれる馬で、通常どおり左向きに描かれています。手綱は消えているようですが面懸が見られ、鞍、障泥、鐙も確認することができます。やはり上端の中央に穴が開けられており、ぶら下げて使われていたことがわかります。

絵馬の性格

鎌倉時代の絵巻を見ると、正安元（一二九九）年成立の『一遍聖絵《いっぺんひじりえ》』では、一遍聖がいる因幡堂の裏の戸に二枚の絵馬がぶら下げられています。絵巻の内容などから薬師信仰によるものと解説されています。永仁四（一二九六）年成立の『天狗草子』には京都の東寺の門前の一風景として、仁王門に続く塀の一部が絵馬堂になり、たくさんの絵馬が架けられているようすが描かれています。何かを祭りそれに添えられたものと思われます。延慶二（一三〇九）年成立の『春日権現験記』には尾張の熱田神宮の社殿の柱や戸に絵馬が架けられています。絵巻きをみる限りこの頃の絵馬はいずれも小型で、大型の絵馬は室町時代以降に作られるもののようです。

大将軍遺跡や十里町遺跡のものも上端の中央に穴が穿たれており、絵巻に見るようにぶら下げて用いるものなのですが、弘安十一（一二八八）年の奥書がある『山王霊験記《さんのう》』では、細棒を付けた板絵馬が三枚、御幣を立てた祭壇下の地面の上に挿して立てられています。馬形代の場合、細棒を付けて地面に挿して用いられるとされていますが、これと全く同じ方法で絵馬が用いられているのです。詞書から神馬の代替え物とされ、関白藤原師通《もろみち》の叡山側の呪詛による病の平癒を祈る場面で登場するもので、同様に『不動利益縁起』でも、陰陽師の阿部清明《あべのせいめい》（漢字では安倍晴明とも）が僧智興の重病を身代わりの証空に移そうとして願文を読む場面で絵馬が登場しています。

時代とともに雨乞いよりも病の治癒などの祈願に用いられるようになっていますが、奉献される神馬の代替えとして、柱などにかけられ、また、地面に挿して立て用いるものであることがこれらの絵巻からもわかります。また、単独ではなく、他の祭具と共に用いられたであろうことは、大将軍遺跡の井戸から他の祭具が伴出していることからも窺うことができます。

あとがき

産経新聞に、考古学から見た滋賀県の古代史を紹介する『歴史への招待席』を連載しています。五〇回を目途に、滋賀県立安土城考古博物館の学芸員が館蔵史料を紹介することで始めたのですが、平成五年四月二五日付の朝刊から数えて、はや十四年が過ぎ、四三〇回を超すシリーズになってしまいました。私が一人で書き始めた五一回目からは、「暮らし」、「生産技術」、「運輸技術」、「平野の開発」、「祭祀」など、縄文時代から平安時代頃までの多岐にわたるテーマで、古代の様子を紹介してきました。一八九回目からは「古墳」、続いて三〇二回目からは「古代寺院」にテーマを絞り、古墳時代から平安時代までの日本古代史の中の近江の王権を探っています。この本は、この連載の六三回から一八八回までの分を一書にまとめたものです。この後の古代の王権を考える上で、いわば、私自身の基層部分の知識となっています。その多くは、長年の発掘調査によって得た知識であり、滋賀県立安土城考古博物館で展示を企画しながら学習したものです。

毎週の書き下ろしだったものを本の体裁にするためには、掲載順を変え、文章に手を入れ、掲載写真や図なども選択する必要がありました。また、掲載後相当な時間が経っているため、新しい発見や成果が発表されている部分も多々ありますが、大幅な追加や修正はしていません。

仕事柄、色々な時代、色々な種類の遺跡にあたってきました。体験したほとんどの遺跡について、それなりに調べてきたのですが、どうしても、得手、不得手が生じます。また、幸か不幸か、縄文時代とそれ以前の遺跡に直接関わったことがないのです。従って、内容的には、どうしても偏りが生じ、説明に過不足が生じてしまっていることは否めません。ここでお断り申し上げておきます。

なお、新聞紙上では、その性格上、引用・掲載させていただいた文献等は特に明記しませんでした。この本をかりて一括掲載させていただき、感謝の意を表したいと思います。

最後に、写真の掲載にご協力していただいた滋賀県教育委員会、滋賀県立安土城考古博物館、野洲市教育委員会、栗東市歴史民俗博物館、八尾市歴史民俗資料館、根気よく連載を続けていただいている産経新聞社大津支局、出版の労をとっていただいたサンライズ出版等々の方々に御礼申し上げます。

参考文献

第一章　暮らし

○衣・食・住

・衣

一．渡辺誠「編布およびカゴ底圧痕について」（『野々市町御経塚遺跡』一九八三年）

二．奈良国立文化財研究所『木器集成図録』近畿原始篇（奈良国立文化財研究所資料第三六冊　一九九三年）

三．田中勝弘「第一常設展示解説」（滋賀県立安土城考古博物館『常設展示解説』　一九九四年）

・食

四．佐藤敏也『日本の古代米』（考古学選書一　雄山閣　一九七一年）

五．中尾佐助『料理の起源』（NHKブックス一七三　日本放送出版協会　一九八〇年）

六．甲元真之「播種と収穫」（『弥生時代の研究』二　生業　雄山閣　一九八八年）

七．松浦俊和「ミニチュア炊飯具形土器論」（京都教育大学考古学研究会『史想』第二〇号　一九八四年）

八．小林行雄「黄泉戸喫」（『古墳文化論考』　平凡社　一九七六年）

九．水野正好「滋賀郡所在の漢人系帰化氏族とその墓制」（滋賀県教育委員会『滋賀県文化財調査報告書』第四冊　一九七〇年）

十．都出比呂志「農具鉄器化の二つの画期」（『考古学研究』第十三巻第三号　一九六七年）

・住

十一．田中勝弘「第一常設展示解説」（滋賀県立安土城考古博物館『常設展示解説』一九九四年）

十二．黒崎直「木製農耕具の性格と弥生社会の動向」（『考古学研究』通巻六三号　一九七〇年）

○技術の開発

・鉄の技術

十三．大澤正巳「古墳供献鉄滓からみた製鉄の開始時期」（『季刊考古学』第八号　一九八四年）

十四．丸山竜平・濱修・北貞祐「滋賀県下における製鉄遺跡の諸問題」（『考古学雑誌』第七二巻第二号　一九八六年）

十五．大道和人「鉄鉱石の採掘地と製鉄遺跡の関係についての試論―滋賀県の事例を中心に―」（財団法人滋賀県文化財保護協会『紀要』第九号　一九九六年）

・銅の技術

十六．滋賀県立近江風土記の丘資料館『近江の銅鐸と銅鏡』（一九八一年）

十七．隈明志「巴形銅器」（『季刊考古学』第二七号　一九八九年）

十八．田中勝弘「弥生時代の銅鏃について」（『滋賀考古学論叢』第一集　一九八一年）

十九．田中勝弘「銅鏃」（『弥生文化の研究』九　弥生人の世界　雄山閣　一九八六年）

二〇．田中勝弘「銅鏃」（『季刊考古学』第二七号　雄山閣　一九八九年）

二一．国立歴史民俗博物館「弥生・古墳時代遺跡出土鏡データ集成」（『国立歴史民俗博物館研究報告』第五六集　一九九四年）

二二．国立歴史民俗博物館「弥生・古墳時代遺跡出土鏡データ集成　補遺一」（『国立歴史民俗博物館研究報告』第九七集　二〇〇二年）

二三．佐藤浩司「北九州市八幡西区松本遺跡出土の青銅器鋳型について」（北九州考古博物館『弥生の鋳物工房とその世界』

二四．本村豪章「近江出土の異形青銅器」（『考古学雑誌』第六三巻第三号　一九七七年）
二五．小林行雄『古墳時代の研究』（一九六五年）
・土の技術
二六．田中勝弘「いわゆる近江型土師器に関する一・二の問題」（京都教育大学考古学研究会『史想』第二〇号　一九八四年）
・玉作りの技術
二七．関川功「玉とガラス」（『古墳時代の研究』第五巻　生産と流通Ⅱ　雄山閣　一九九一年）
二八．関川功「大和の玉作り」（『古代王権と玉の謎』一九九一年）
二九．中村智孝「近江における玉造りをめぐって」（財団法人滋賀県文化財保護協会『紀要』第九号　一九九六年）
・鍛冶の技術
三〇．松井和幸「鉄生産」（『古墳時代の研究』第五巻　生産と流通Ⅱ　雄山閣　一九九一年）
三一．大沢正巳「古墳出土鉄滓から見た古代製鉄」（『日本製鉄論集』一九八三年）
三二．川越哲志「鉄生産と土器製塩」（『新版古代の日本』第四巻　中国・四国　角川書店　一九九二年）
三三．立命館大学『古代の製鉄コンビナート』（立命館大学びわこ・くさつキャンバス木瓜原遺跡の発掘調査　一九九四年）
・塩作りの技術
三四．近藤義郎編『日本土器製塩研究』第Ⅲ部　近畿～東海　（一九九四年）
三五．用田政晴「滋賀県」（近藤義郎編『日本土器製塩研究』第Ⅲ部　近畿～東海　一九九四年）

○輸送・平野の開発

・陸運と水運

三六．山口栄男「馬の普及と牧」（『新版古代の日本』八　関東　角川書店　一九九二年）
三七．田中勝弘「古墳時代における水運技術」（滋賀県立安土城考古博物館『紀要─開館五周年記念号─』第六号　一九九八年）
三八．横田洋三「縄文時代復元丸木船（さざなみの浮舟）の実験航海」（財団法人滋賀県文化財保護協会『紀要』第四号）
三九．久保寿一郎「舟形模造品の基礎的研究」（岡崎敬先生退官記念論集『東アジアの考古と歴史』下　一九八七年）
四〇．一瀬和夫「倭人船─久宝寺遺跡出土船材をめぐって─」（横田先生古稀記念会『文化史論叢』（上）一九八七年）
四一．小西永子「岡古墳の船形埴輪の意義について」（藤井寺市教育委員会『岡古墳─古市古墳群の調査研究報告I─』藤井寺市文化財報告第五集　一九八八年）
四二．大阪市・大阪市教育委員会・財団法人大阪市文化財協会『よみがえる古代船と五世紀の大阪』一九八九年）
四三．田中勝弘「継体大王の出現背景─水運と古墳の動向を中心に─」上・下（古代学協会『古代文化』第七号・第八号　一九九八年）

・平野の開発

四四．佐々木高明『稲作以前』（ＮＨＫブックス一四七　一九七一年）
四五．工楽善通「水田と畑」（『弥生文化の研究』二　生業　雄山閣　一九八八年）
四六．林博通「近江の弥生前期」（帝塚山考古学研究所『弥生前期地域論』一九八四年）

四七．田中勝弘「西火打遺跡と条里開発の問題」（滋賀県教育委員会・財団法人滋賀県文化財保護協会『一般国道八号（長浜バイパス）関連遺跡発掘調査報告書』Ⅳ　一九八七年）
四八．『農具便利論』（江戸科学古典叢書四　恒和出版　一九七七年）
四九．田中勝弘「残存条里と集落遺跡」（『滋賀考古学論叢』第二集　一九八五年）
五〇．田中勝弘「平野の開発と集落遺跡」（財団法人滋賀県文化財保護協会『紀要』第四号　一九九〇年）

第二章　祭祀

○弥生時代の祭り

・神々の姿

五一．田中勝弘『弥生の祈り人―よみがえる農耕社会―』（滋賀県立安土城考古博物館平成六年度春季特別展図録　一九九四年）
五二．亀井輝一郎・井上秀雄「晋書馬韓伝」（『東アジア民族史一―正史東夷伝』東洋文庫二六四　一九九二年）
五三．千葉徳爾「やまのかみ　山神」（『国史大辞典』第十四巻　一九九二年）
五四．瀬川芳則「稲作農耕の社会と民俗」（『稲と鉄―さまざまな王権の基盤』日本民俗体系第三巻　一九八三年）
五五．金関恕「神を招く鳥」（『考古学論考』小林行雄博士古稀記念論文集　一九八二年）
五六．中村友博「武器形祭器」（『弥生文化の研究』八　祭と墓と装い　雄山閣　一九八七年）
五七．神原英朗「分銅形土製品」（『吉備の考古学的研究』（上）一九九二年）
五八．高山純「入墨の意義と性格」（『季刊考古学』第五号　一九八三年）
五九．水野正好「楽器の世界」（『弥生文化の研究』八　祭と墓と装い　雄山閣　一九八七年）

・神の使い
六〇．橋本鉄男「近江の烏勧請」（『柴田実先生古稀記念会『日本文化史論叢』一九七六年）
・神々の寄り代―倉と祠
六一．春成秀爾「描かれた建物」（『弥生時代の掘立柱建物』埋蔵文化財研究会　一九九一年）
六二．金関恕「弥生絵画における家屋の表現」（『国立歴史民俗博物館研究報告』第七集　一九八五年）
六三．橋本鉄男「種のニュウ―近江湖西地方の穀霊信仰の古俗をめぐって―」（『近江地方史研究』第六号　一九七七年）
・竜神と男根―水の神
六四．野洲町立歴史民俗資料館『野洲の年中行事』（野洲町史資料集第二冊　一九九一年）
六五．春成秀爾「絵画から記号へ―弥生時代における農耕儀礼の盛衰―」（『国立歴史民俗博物館研究報告』第三五集　一九九一年）
・小銅鐸
六六．大阪府立泉北考古資料館友の会『柏原市歴史資料館と周辺遺跡をたずねて』（文化財講座見学資料　一九九三年）
・弥生的祭りの終焉
六七．近藤喬一「青銅器をめぐって」（『東アジアの古代文化』四九号　一九八六年）
六八．田中琢「〃まつり〃から〃まつりごと〃へ」（『古代の日本』第五巻　近畿　角川書店　一九七〇年）

○古墳時代の祭り

・弥生的祭祀具の変貌
六九．正岡睦夫「鏡片副葬について」（『古代学研究』第九〇号　一九七九年）

七〇．田中勝弘「弥生時代銅鏃の一・二の問題点」（西田弘先生米寿記念論集『近江の考古と歴史』　二〇〇一年）

・直弧文

七一．『神道考古学講座』第五巻　祭祀遺跡特説（雄山閣　一九七二年）

七二．宇佐晋一・斎藤和夫「入江内湖遺跡（行司町地区）出土の木製品の文様について」（米原町教育委員会『入江内湖遺跡（行司町地区）発掘調査報告書』（米原町文化財調査報告書Ⅸ　一九八八年）

・祭りの場

七三．穂積祐昌「いわゆる導水施設の性格について―殯所としての可能性の提起―」（『古代学研究』一六六号　二〇〇四年）

○古代の祭り

・道教系祭祀

七四．金子裕之編『律令期祭祀遺物集成』（一九八八年）

七五．巽淳一郎「まじないの世界Ⅱ（歴史時代）」（『日本の美術』第三六一号　一九九六年）

・墨書人面土器

七六．田中勝弘「墨書人面土器について」（『考古学雑誌』第五八巻第四号　一九七三年）

七七．金子裕之「平城京と祭場」（『国立歴史民俗博物館研究報告』第七集　一九八五年）

七八．水野正好「人面墨書土器」（福岡県立博物館『古代の顔』一九八二年）

・馬と祭祀

七九．松井章「家畜と牧―馬の生産」（『古墳時代の研究』第四巻　生産と流通Ⅰ　一九九一年）

八〇．土井實「大和土製馬考」（『古代学』第四巻第二号　一九五六年）

八一．角建一「野洲町内出土の土馬について」（財団法人滋賀県文化財保護協会『滋賀文化財だより』No.一八六　一九九三年）
八二．泉森皎「大和の土馬」（『橿原考古学研究所論集』一九七五年）
八三．水野正好「馬・馬・馬―その語りの考古学」（『奈良大学文化財学報』第二集　一九八三年）

写真・イラスト引用文献（教委：教育委員会・県教委：滋賀県教育委員会・協会：財団法人滋賀県文化財保護協会・文体事業団：文化体育振興事業団）

長浜市国友遺跡出土の木鍾・長浜市国友遺跡出土の枠・長浜市国友遺跡の旧河道　県教委・協会『北陸自動車道関連遺跡発掘調査報告書』X（一九八八年）
古墳時代の王たちの装身　大津市歴史博物館『近江の古代を掘る―土地に刻まれた歴史―』（一九九五年）
近江八幡市供養塚古墳出土の人物埴輪　県教委『昭和五八年度滋賀県文化財調査年報』（一九八五年）
守山市服部遺跡で発見された弥生時代前期の水田遺構・守山市服部遺跡の導水施設　県教委・守山市教委『服部遺跡調査概要』（一九七九年）
安土町大中の湖南遺跡出土の稲の穂束・大津市北大津遺跡出土の奈良時代の土師器・野洲市大岩山遺跡から出土した銅鐸の埋納状況の復元　滋賀県立近江風土記の丘資料館『常設展示図録』（一九八九年）
甲良町下之郷遺跡の竪穴住居に作り付けられた竈　県教委・協会『ほ場整備関係遺跡発掘調査報告書』XⅣ―二（一九八七年）
甲良町下之郷遺跡出土の長胴甕・甲良町下之郷遺跡の灌漑用水路跡　県教委・協会『ほ場整備関係遺跡発掘調査

報告書』ⅩⅧ—二（一九九〇年）

大津市福王子第二号墳から出土したミニチュア炊飯具セット　県教委『滋賀県文化財調査報告書』第四冊（一九六九年）

東近江市堂田遺跡出土の馬鍬・東近江市堂田遺跡の祭祀遺構　県教委・協会『ほ場整備関係遺跡発掘調査報告書』ⅩⅥ—五（一九八九年）

余呉町桜内遺跡の五角形の竪穴住居・余呉町桜内遺跡の大型方形周溝墓群　県教委・協会『北陸自動車道関連遺跡発掘調査報告書』ⅩⅠ（一九八九年）

高島市針江川北遺跡の棟持柱建物　県教委・協会『針江北遺跡・針江川北遺跡（Ⅰ）』（一九九二年）

高島市針江浜遺跡の中央部に堰が設けられた水路　県教委・協会『文化財調査出土遺物仮収納保管業務昭和六三年度発掘調査概要』（一九八九年）

日野町野田道遺跡のオンドル状遺構　県教委『滋賀県文化財学習シート—遺跡編上—』（二〇〇五年）

大津市穴太遺跡の切妻大壁造建物　県教委・協会『一般国道一六一号（西大津バイパス）建設工事に伴う穴太遺跡発掘調査報告書Ⅱ』（一九九七年）

高月町井口遺跡の壁際に柱が建つ竪穴住居　県教委・協会『ほ場整備関係遺跡発掘調査報告書』Ⅴ（一九七八年）

栗東市新開二号墳出土の鉄鋌・守山市播磨田東遺跡出土の滑石製有孔円盤（鏡）・剣・玉・栗東市新開四号墳出土の船形埴輪　滋賀県立安土城考古博物館『物と人—古墳時代の生産と運搬—』（一九九七年）

草津市木瓜原遺跡の製鉄炉跡・草津市木瓜原遺跡の梵鐘鋳造遺構　県教委・協会『木瓜原遺跡』（一九九六年）

草津市野路小野山遺跡の白炭用の炭窯　県教委・草津市教委『野路小野山遺跡発掘調査概要』（一九八四年）

虎姫町五村遺跡出土の巴形銅器・野洲市大岩山遺跡出土の一号銅鐸・栗東市新開一号墳出土の金銅製鉸具（帯留め金具）　滋賀県立安土城考古博物館『常設展解説』（一九九四年）

東近江市雪野山古墳出土の三角縁神獣鏡・東近江市雪野山古墳出土の鍬形石　八日市市教委『雪野山古墳の研究』

（一九九六年）
日野町作谷遺跡の緑釉陶器焼成窯　日野町教委『作谷遺跡』（一九八九年）
守山市横江遺跡出土の黒色土器　県教委・協会『横江遺跡発掘調査報告書』Ⅰ（一九八六年）
大津市榿木原遺跡の登窯・大津市長尾遺跡の平窯　県教委・協会『榿木原遺跡発掘調査報告書Ⅲ—南滋賀廃寺瓦窯—』（一九八一年）
草津市北萱遺跡出土の石錐・草津市北萱遺跡出土の手づくね土器　県教委・協会『北萱遺跡発掘調査報告書』（一九九四年）
野洲市市三宅遺跡出土の玉砥石、石鋸など　野洲市教委提供
彦根市松原内湖遺跡出土の縄文時代の丸木舟とその未製品　県教委・協会『松原内湖遺跡発掘調査報告書』Ⅰ（一九九三年）
高月町妙光庵遺跡出土の壺と甕　県教委・協会『ほ場整備関係遺跡発掘調査報告書』Ⅶ—三（一九八〇年）
高月町井口遺跡の条里型水田の溝跡　県教委・協会『国道三六五号線バイパス工事に伴う埋蔵文化財発掘調査報告書Ⅱ　伊香郡高月町井口・柏原遺跡』（一九八四年）
長浜市大東遺跡の平安時代後期に形成された瓦溜まり　県教委・協会『北陸自動車道関連遺跡発掘調査報告書』Ⅰ（一九七四年）
米原市西火打遺跡の水田跡　県教委・協会『一般国道八号（長浜バイパス）関連遺跡発掘調査報告書』Ⅳ（一九八七年）
長浜市慶蔵寺遺跡の建物群　県教委・協会『ほ場整備関係遺跡発掘調査報告書』Ⅸ—一（一九八四年）
県内出土の木偶・宝船絵画　滋賀県立安土城考古博物館『弥生の祈り人—よみがえる農耕祭祀—』（一九九四年）
守山市服部遺跡出土の共鳴箱を持つ琴　県教委・守山市教委・協会『服部遺跡発掘調査報告書』Ⅴ（一九八五年）
長浜市鴨田遺跡出土の土器絵画　長浜市教委『大戌亥遺跡・鴨田遺跡調査報告書』（長浜市埋蔵文化財調査資料第

四〇集　二〇〇二年）
米原市中多良遺跡出土の土器絵画　米原町教委『中多良遺跡発掘調査報告書―県営かんがい排水路事業に伴う発掘調査―』（米原町埋蔵文化財調査報告ＸⅠ　一九八九年）
栗東市下鈎遺跡出土の土器絵画　栗東町教委・栗東町文体事業団「下鈎遺跡発掘調査現地説明会資料」（一九九七年）
虎姫町五村遺跡出土の鳥形代　虎姫町育委『虎姫町五村遺跡発掘調査報告書』（虎姫町文化財調査報告書第一集　一九九二年）
栗東市下鈎遺跡出土のわが国最小の銅鐸　県教委・協会『下鈎遺跡』（二〇〇三年）
東近江市斗西遺跡出土の破砕鏡　能登川町教委『能登川町埋蔵文化財調査報告書第十集―斗西遺跡―』（一九八八年）
長浜市柿田遺跡出土の滑石製刀子　県教委・協会『柿田遺跡発掘調査報告書』（一九八九年）
近江八幡市勧学院遺跡出土の滑石製小玉を巻き付けた鉄製鎌　県教委提供
木製刀形代　県教委『国道八号線長浜バイパス関連遺跡発掘調査報告書Ⅱ』（一九七三年）、県教委・守山市教委・協会『服部遺跡発掘調査報告書』Ｖ（一九八五年）、米原町教委『入江内湖遺跡（行司町地区）発掘調査報告書』（米原町埋蔵文化財調査報告書Ⅸ　一九八八年）
米原市黒田遺跡出土の傘骨形木製品・米原市黒田遺跡の祭祀遺構　近江町教委『黒田遺跡三』（近江町文化財調査報告書第十七集　一九九四年）
米原市入江内湖遺跡出土の直弧文のある円板状木製品　米原町教委『入江内湖遺跡（行司町地区）発掘調査報告書』（米原町埋蔵文化財調査報告書Ⅸ　一九八八年）
大津市湖西線関係遺跡出土の古墳時代の斎串　県教委・協会『湖西線関係遺跡調査報告書』（一九七三年）
守山市赤野井湾遺跡出土の𤭯と手づくね土器　県教委・協会『赤野井湾遺跡』（琵琶湖開発事業関連埋蔵文化財発

掘調査報告書二　一九九八年）
呪符木簡　能登川町教委『上山神遺跡・法堂寺遺跡（九次）・横受遺跡（三次）・斗西遺跡（十二次）・伊庭御殿遺跡（二次）』（能登川町埋蔵文化財調査報告書第四二集（一九九七年）、県教委・協会『ほ場整備関係遺跡発掘調査報告書』XII―六（一九八五年）、同『出土文化財管理業務報告書』（二〇〇二年）
守山市服部遺跡出土の人形代　金子裕之編『律令期祭祀遺物集成』（一九八八年）
長浜市大戌亥遺跡出土の人形代　県教委・協会『大戌亥遺跡II・鴨田遺跡IV』（一九九九年）
墨書人面土器　山崎秀二ほか「守山市幸津川下新川神社保存の土器について（協会『滋賀文化財だより』No.四四一九八〇年）、野洲町教委・野洲町埋蔵文化財調査会『下々塚遺跡発掘調査報告―二』（野洲町文化財資料集一九九二―一　一九九二年）
土馬　県教委・協会『大伴遺跡発掘調査報告』（一九八三年）、同『美園遺跡発掘調査報告書』（一九七五年）、同『ほ場整備関係遺跡発掘調査報告書』III―II（一九七六年）、野洲町教委『野洲郡衙推定地第一次調査概要報告書』（一九七六年）、栗東町教委『手原遺跡発掘調査報告書』（栗東町文化財調査報告書第一冊　一九八一年）、金子裕之編『律令期祭祀遺物集成』（一九八八年）
湖北町尾上遺跡出土の木製馬形代　県教委・協会『尾上遺跡発掘調査報告書』（一九八五年）
長浜市十里遺跡と草津市大将軍遺跡出土の絵馬　滋賀県埋蔵文化財センター『埋もれた文化財の話』一三、草津市教委『平成十年度草津市文化財年報』（草津市文化財調査報告書三九　二〇〇〇年）

■著者略歴

田中　勝弘（たなか　かつひろ）

京都市生まれ。

京都教育大学卒業。

財団法人古代学協会平安博物館、滋賀県教育委員会文化財保護課、途中、財団法人滋賀県文化財保護協会・滋賀県立安土城考古博物館学芸課（出向）を経て、現在、滋賀県埋蔵文化財センター参事。

専門は考古学。

主な著書、論文に
・『近江の古代寺院』（共著）1989年
・『新修彦根市史』第一巻　通史編　古代・中世（分担執筆）2007年
・「前期古墳の竪穴式石室について」（『史想』第16号　1973年）
・「古代郷倉について—滋賀県高島郡今津町弘川遺跡の検討—」（『史想』第18号　1979年）
・「方墳の性格—特に近畿地方における中期方墳について—」（『古代文化』第32巻第８号 1980年）
・「近江における横穴式石室の受容と展開」（滋賀県立安土城考古博物館『紀要』第１号 1993年）
・「継体大王の出現背景—水運と古墳の動向を中心に—（上）・（下）」（『古代文化』第７号・第８号　1998年）
・「聖武天皇の東国行幸と壬申の乱—大津市膳所城下町遺跡の大型建物を「禾津の頓宮」とする考え方の参考に—」（『人間文化』13号　2003年）
・「米原市三大寺廃寺跡再考—二つの堂宇の建立と廃絶の背景—」（『淡海文化財論叢』第一輯　2006年）
など、多数

遺跡が語る近江の古代史—暮らしと祭祀《さいし》—　淡海《おうみ》文庫37

2007年７月20日　初版１刷発行

企　画／淡海《おうみ》文化を育てる会
著　者／田　中　勝　弘
発行者／岩　根　順　子
発行所／サンライズ出版
滋賀県彦根市鳥居本町655-1
☎0749-22-0627　〒522-0004

印刷・製本／P—NET信州

© Katsuhiro Tanaka 2007
ISBN978-4-88325-154-4 C0021　Printed in Japan
乱丁本・落丁本は小社にてお取替えします。
定価はカバーに表示しております。

淡海文庫について

「近江」とは大和の都に近い大きな淡水の海という意味の「近（ちかつ）淡海」から転化したもので、その名称は「古事記」にみられます。今、私たちの住むこの土地の文化を語るとき、「近江」でなく、「淡海」の文化を考えようとする機運があります。

これは、まさに滋賀の熱きメッセージを自分の言葉で語りかけようとするものであると思います。

豊かな自然の中での生活、先人たちが築いてきた質の高い伝統や文化を、今の時代に生きるわたしたちの言葉で語り、新しい価値を生み出し、次の世代へ引き継いでいくことを目指し、感動を形に、そして、さらに新たな感動を創りだしていくことを目的として「淡海文庫」の刊行を企画しました。

自然の恵みに感謝し、築き上げられてきた歴史や伝統文化をみつめつつ、今日の湖国を考え、新しい明日の文化を創るための展開が生まれることを願って一冊一冊を丹念に編んでいきたいと思います。

一九九四年四月一日

好評既刊より

淡海文庫33

近江 山の文化史
—文化と信仰の伝播をたずねて—

木村至宏 著　定価1260円（税込）

古代より人々の信仰の対象となり、仏教伝来後は造寺造仏が行われた近江の山々。険しい登山道の先に、巨大な磐座や建造物を有する神体山22の歴史を紹介。

淡海文庫34

よもやまばなし 琵琶湖疏水

浅見素石 著　定価1260円（税込）

「びわこ疏水とさざなみの道の会」創立20年の節目に、元代表の著者が、近世の琵琶湖水運から近代の京都復興に向けた琵琶湖疏水計画と実現までの経緯を語る。

淡海文庫35

近江の民具

長谷川嘉和 著 著　定価1260円（税込）

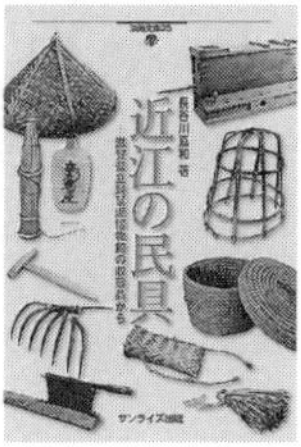

ヤタカチボウ、シブオケ、ジョレン、ナッタ…古い仕事道具や生活用具の処分が続いていた昭和50年代初め、滋賀県の民俗調査に携わった著者が、100点の懐かしき品々を紹介。

淡海文庫36

芋と近江のくらし

滋賀の食事文化研究会 編　定価1260円（税込）

東アジアの農耕と食文化において、米よりも古い歴史をもつサトイモやヤマイモ。人々のくらしや伝統行事において重要な位置を占めてきた近江の「芋」の歴史と料理を紹介。

好評発売中

ヤマト王権と渡来人

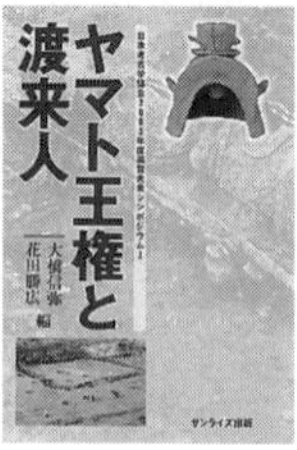

大橋信弥・花田勝広 編　定価4725円（税込）

古代国家成立に関与した渡来人の役割とは何か？　2003年日本考古学協会滋賀大会シンポジウムでの発表をもとに書き下ろし、考古学と文献史学の立場から総合して捉えている。

古代近江の原風景

松浦俊和 著　定価2940円（税込）

大津宮発見という歴史的瞬間に立ち会う一方、文化財保護行政や博物館建設・展覧会企画などにも携わってきた著者による近江古代史観の集大成。

丸木舟の時代

財団法人滋賀県文化財保護協会 編　定価1680円（税込）

これまでに琵琶湖とその内湖で出土した縄文時代の丸木舟の調査成果を中心に、漁撈、植生などの湖と人々の関わりを探ったシンポジウムと講座の記録集。

琵琶湖をめぐる
古墳と古墳群

用田政晴 著　定価2940円（税込）

琵琶湖をとりまく古墳は何を意味するのか？　墳丘墓や古墳に表れた近江の独自性、首長墓の位置から湖上交通・流域開発のあり方を探る考古資料による地域論の試み。